은행나무 슬하

은행나무 슬하

2024 천태산은행나무를사랑하는사람들

詩와에세이

차례

마침내 사람이 되었다 · 강경호 · 011
구름일기 15 · 강나루(광주) · 012
하송리 은행나무 · 강나루(영월) · 013
청사포 파도 · 강달수 · 014
봉숭아 · 강대선 · 015
거미백합 · 강문출 · 016
천년 은행나무를 보며 · 강상기 · 017
소금 커피 · 강순구 · 018
시간의 연대(連帶) · 강영은 · 019
영동 천년 할마씨 2 · 강영환 · 020
오솔길 · 강원산 · 021
내면의 소리 · 강은희 · 022
어머니의 꽃 · 강혜지 · 023
가끔씩 울음이 비치기도 하네 · 고미경 · 024
언어 백화점 · 고수민 · 025
까치와 은행나무 · 고안나 · 026
늙어서도 성장하는 나무 · 공광규 · 027
눈길 묵상 · 곽문연 · 028
능소화 사랑 · 곽지훈 · 029
가을 호우 · 구재기 · 030
취흥(醉興) · 권갑하 · 031
판운리 · 권순해 · 032
피안의 돛 · 권애자 · 033
목격자 · 권용욱 · 034
통나무 의자 · 권은중 · 035
은행나무 · 기복진 · 036
지리산 둘레길 5 · 기성서 · 037
역린 · 김계숙 · 038
비밀의 문 · 김고니 · 039
어머니 · 김공호 · 040

미나리 · 김관식 · 042
오랜 날 지나서 · 김기준 · 043
은행나무 슬하 · 김기화 · 044
사자밥 · 김남권 · 045
행운목 · 김노을 · 046
주암정에서 뱃놀이 · 김다솜 · 047
풀잠 · 김대봉 · 048
몽돌밭 · 김도향 · 049
천년 여인 · 김둘점 · 050
나비길 · 김리영 · 051
쓸모없는 고물 · 김 명 · 052
안녕, 오늘도 · 김명수 · 053
죄와 벌 · 김명철 · 054
은행알 · 김미순 · 055
시소폰강의 노을은 동쪽부터 묽어진다 · 김삼환 · 056
푸른 봄 · 김상우 · 057
닮았다 · 김상헌 · 058
가을 1 · 김선태 · 059
불새 · 김선하 · 060
처서 · 김선희 · 061
아름다운 너테 · 김소영 · 062
가을, 허수아비 · 김소해 · 063
국수의 저녁 · 김수복 · 064
화정천 · 김수지 · 065
강아지풀 시창작법 · 김순진 · 066
애기봄맞이는 봄꽃이 아닙니다 · 김승기 · 067
화랑 호수 · 김신숙 · 068
나무 한 그루 · 김아랑 · 069
가시별 · 김양화 · 070
갈대꽃 필 무렵 · 김영아 · 071

옛 시인의 시 · 김영재 · 072	모란꽃 아래서 · 김한중 · 102
오방색 단청 · 김영천 · 073	눈물 · 김형숙 · 103
천년 동안 · 김옥경 · 074	살고 지고 살고 지고 · 김혜숙 · 104
그게 나였어요 · 김완수 · 075	빈집 · 김효선 · 105
엄마 · 김완하 · 076	마음의 끈 · 나문석 · 106
신(新)세한도 · 김요아킴 · 077	지는 꽃 · 나석중 · 107
은행나무와 비둘기 · 김용식 · 078	오월이 피다 · 나숙자 · 108
귀거래사(歸去來辭) 1 · 김용칠 · 079	저 작은 것들이 · 나종영 · 109
가을에는 참지 못한 말들이 있어요 · 김용택 · 080	보고 싶어도 · 나태주 · 110
꽃 · 김원섭 · 081	엄마의 가방 · 남정자 · 111
금발의 은행나무 · 김윤숭 · 082	클라우드 나인 · 남태식 · 112
숨어 울지 않는 새에게 · 김윤환 · 083	청사포로 가자 · 남효만 · 113
천태산 은행나무 시제(詩祭) 즈음하여 · 김은령 · 084	서 있는 새 · 남효선 · 114
연실(蓮實) · 김은아 · 085	칡넝쿨 · 노금선 · 115
까짓거 · 김의상 · 086	이른 봄은 · 노명연 · 116
풀냄새 · 김인호 · 087	습한 자락길 · 노명희 · 117
흙 · 김재수 · 088	법고 · 도종환 · 118
벌거벗은 힘 · 김재우 · 089	서해 바닷가에서 · 류인수 · 119
괜찮아요 · 김정례 · 090	못 · 문설희 · 120
자두 · 김정원 · 091	느낌 · 문 영 · 121
희망 안경 · 김종관 · 092	불발탄 · 문예진 · 122
꽃 2 · 김종원 · 093	도라지꽃 · 문정석 · 123
길을 품은 사람 · 김종윤 · 094	서리꽃 · 문철호 · 124
땡볕 아래 · 김주대 · 095	엄마 이야기 · 민순혜 · 125
충청도 가는 길 · 김준태 · 096	살구나무 · 박경조 · 126
영국사 은행나무 여행 · 김지수 · 097	이태원으로부터 · 박관서 · 127
봄날 · 김진문 · 098	바람난 나무 · 박광수 · 128
아침 인사 · 김춘자 · 099	벚꽃 지는 날 · 박권수 · 129
수선화 · 김태헌 · 100	꽃을 만나다 · 박금리 · 130
지렁이와 어머니 · 김파란 · 101	불영사 딱따구리가 울었다 · 박대진 · 131

피아노 폭포 · 박명현 · 132	바다의 연인 · 백성일 · 164
비누 꽃 · 박민교 · 133	고사 · 백영미 · 165
은행나무 사다리 · 박상봉 · 134	납작한 죽음 · 백지은 · 166
시곗바늘 사이로 · 박상진 · 136	네 잎 클로버를 찾은 것처럼 · 변영희 · 167
이기적 유전자 · 박선숙 · 137	민들레 · 변창렬 · 168
동백 · 박선우 · 139	숲 · 서범석 · 169
만항역, 꽃 사냥 가다 · 박소름 · 140	천년의 기다림 · 서봉순 · 170
쇠비름 · 박순덕 · 141	장마 · 서용채 · 171
은행나무 · 박양순 · 142	나무의 뿌리는 어둠에 산다 · 섬 동 · 172
가을 · 박영순 · 143	낙엽 · 성낙수 · 173
천태산 은행나무 · 박예숙 · 144	검은 비닐을 벗기며 · 성배순 · 174
남풍 · 박옥수 · 145	더불어 숲 · 성백술 · 175
갈매기 · 박완천 · 146	봄나물 · 성백원 · 176
층층나무 · 박우담 · 147	동네목욕탕 · 성상화 · 177
시 · 박운식 · 148	첫 · 소 율 · 179
푸른 계절 · 박원혜 · 149	그땐 · 소 혼 · 180
민들레 · 박원희 · 150	보현산 · 손준호 · 181
사이시옷 · 박윤자 · 151	춘삼월 · 손진옥 · 182
말라는 말 · 박은정 · 152	풍년제 · 송시월 · 183
해 질 녘 · 박일아 · 153	정혜사지 십삼층석탑 · 송은숙 · 184
끼니 거르지 마라 · 박재학 · 154	연꽃 · 송은애 · 185
낙하(落下) · 박재화 · 155	안나푸르나 여정 · 수 완 · 186
외면 · 박정선 · 156	간격만큼 그리워지는 사랑 · 신명자 · 187
와우 · 박진형 · 157	처음 · 신순말 · 188
막차 역에서 · 박창민 · 158	뒤주 · 신언관 · 189
봄밤, 찔레꽃 · 박천호 · 159	고구마가 고구마에게 · 신영연 · 190
밤에도 벚꽃은 핀다 · 박철영 · 160	바람 소리 · 신원철 · 191
천상병 · 박철웅 · 161	구름 나라 · 신현옥 · 192
맨발 1 · 박향숙 · 162	물거울이 흔들리면 · 신화정 · 194
백옥정에 올라 · 배명식 · 163	화석나무 · 심수자 · 195

비주류들 · 안원찬 · 196
서역의 미소 · 안현심 · 197
신안 천일염 · 안 호 · 198
들꽃 · 양 곡 · 199
잘 알아줄 것이고마는, · 양문규 · 200
은행나무 의자 · 양선규 · 201
연결 · 양효숙 · 202
진다는 말 · 엄태지 · 203
배롱나무 · 여 목 · 204
여름 강물에 몸 부시듯이 · 염창권 · 205
누가 흙수저인가 · 예시원 · 206
봄 메모 · 오안순 · 207
아궁이 · 옥 빈 · 208
와온 낙조 · 우정연 · 209
민달팽이 · 우진숙 · 210
자연의 손바닥 · 유승도 · 211
유년 삽화(揷畫) · 유재호 · 212
꽃진 자리에 · 유준화 · 213
나비 · 유진택 · 214
걷기 14 · 유혜련 · 215
단풍나무 종이학 · 유회숙 · 216
봄빛 양장점 · 유효정 · 217
밥 · 윤관영 · 218
어머니를 닮았다 · 윤수천 · 219
글썽 · 윤수하 · 220
애기동백 1 · 윤인자 · 221
디카 · 윤중목 · 222
장대비 · 윤창도 · 223
유성(流星) · 윤태진 · 224
송이도 · 이강산 · 225

텐트 · 이강하 · 226
엄마의 심우도 · 이 경 · 227
모과처럼 · 이금례 · 228
가을 연가 · 이길섭 · 229
11월이 오면 · 이 달 · 230
가을, 단풍 장터 · 이동근 · 231
나무 아래 서다 · 이동운 · 232
자연의 철학 · 이명희 · 233
애월(涯月) · 이미령 · 234
도라지꽃 · 이민자 · 235
섬초롱꽃 사랑 · 이보숙 · 236
은행나무 겨울 판화 · 이복희 · 237
씨앗 · 이비단모래 · 238
완작 · 이사철 · 239
가을에 · 이상인 · 240
가을로 들어간다는 것은 · 이서연 · 241
빗방울처럼 · 이서은 · 242
처서 지나도 · 이석란 · 243
존귀한 그대들에게 · 이선정 · 244
비석 · 이선희 · 245
숨바꼭질 · 이숙희(울산) · 246
나비 한 마리가 · 이숙희(전주) · 247
잎들의 아침은 화병 속에서 걸어 나온다 · 이순주 · 249
산이 오고 있다 · 이순화 · 250
우기 · 이승용 · 251
그해 겨울, 은행나무 · 이승철 · 252
한 그루 경전으로 피어나다 · 이양희 · 253
길 · 이연순 · 254
천연기념물 은행나무 책갈피 · 이영수 · 255
쇠별꽃 · 이영숙 · 256

둠벙 파놓자 개구리 뛰어든다 · 이영신 · 257	밀대 방석 · 전경옥 · 287
폭염 속에서 · 이영자 · 258	천태산 은행나무 · 전선자 · 288
가족사진 · 이영철 · 259	보시(布施) · 전 숙 · 289
성불 한 채 · 이영춘 · 260	초록을 불러오려고 · 정가일 · 290
뮤즈 · 이우디 · 261	바람받이에 서 있는 머귀나무 · 정대호 · 291
새 · 이원규 · 262	보리수나무 아래에서 · 정동수 · 293
배나무 · 이 잠 · 263	바람은 바람 · 정든역 · 294
굽은 길 · 이재무 · 264	봄날 그 감나무 · 정미숙 · 295
부처님을 보았다 · 이정표 · 265	꽃길 · 정바름 · 296
이팝나무 · 이주언 · 266	상사화 · 정서영 · 297
천태산 은행나무 · 이주영 · 267	불 꺼진 우체통 · 정선희 · 298
조막손이 제비꽃 · 이주희 · 268	경계 · 정수월 · 299
라일락 · 이진주 · 269	천태산 은행나무의 첫사랑 · 정 숙 · 300
은행잎 단풍 들겠네 · 이채윤 · 270	푸름 곁 · 정숙자 · 301
늦은 안부 · 이현실 · 271	매콤한 자연의 소리 · 정안덕 · 302
아버지의 입춘 · 이현온 · 272	늙은 은행나무의 방 · 정영주 · 303
고목 · 이현지 · 273	대청호 찔레꽃 · 정원도 · 304
황홀한 등줄기 · 이현협 · 274	나의 고향 · 정의숙 · 305
뫼비우스의 띠 · 이현희 · 275	벗은 나무 · 정이랑 · 306
새들은 머문 자리를 기억하지 않는다 · 이화인 · 276	층계 · 정정례 · 307
배롱나무 혀끝 · 임미리 · 277	사랑 아니어도 · 정하해 · 308
박물관에서 · 임술랑 · 278	고목 · 조경순 · 309
감자꽃 · 임영임 · 279	바로 너다 · 조국성 · 310
이 뭐꼬! · 임태린 · 280	에이아이 은행나무 · 조대환 · 311
꽃무릇 · 장광순 · 281	장터 할매 · 조석구 · 312
장도리 · 장민규 · 282	만항재를 지나며 · 조성범 · 313
발자국 · 장세현 · 283	천년의 말씀 · 조숙제 · 314
뉘엿뉘엿 · 장지성 · 284	만개 · 조영행 · 315
산다는 것은 · 장학규 · 285	파먹다 · 조재도 · 316
앞니 · 장현숙 · 286	나무 도서관 · 조정숙 · 317

고라니 · 조하은 · 318	봉산산방 · 한이나 · 349
단기 알바 · 주석희 · 319	알밤 · 한인숙 · 350
어떤 봄은 계단을 올라온다 · 주선미 · 320	내 집 마련 · 한종훈 · 351
바위 · 주해봉 · 321	이유 · 한효정 · 352
착각 · 지성찬 · 322	화석이 될 은행목(銀杏木) · 함창석 · 353
기도 · 진영대 · 323	청아한 울림 · 허남기 · 354
꿈 · 차옥혜 · 324	청매실 · 허정열 · 355
까마중 · 차용국 · 325	나무 같은 사람 · 허정진 · 356
자벌레 마음 · 채 들 · 326	초여름 · 허형만 · 357
통영(統營) · 채영조 · 327	풀의 각도 · 현상연 · 358
비 · 천선기 · 328	하얀 등불 · 홍승례 · 359
풀의 근력 · 천수호 · 329	봄 마중 · 홍인숙 · 360
칼새의 행로 · 천융희 · 330	푸른 신호등 · 홍하표 · 361
품 · 최경선 · 331	축제 · 황구하 · 362
백일홍 · 최경화 · 332	아기 연등 · 황명자 · 363
늑대의 눈빛 · 최서림 · 333	가을밤 · 황미경 · 364
달팽이 · 최성규 · 334	길 · 황용선 · 365
장마 · 최장락 · 335	뿌리내리기 · 황은경 · 366
꽃망울 · 최재경 · 336	육각수 · 황지형 · 367
능소화 · 최재영 · 337	
박꽃 · 최정란 · 338	
풋자두 일식 · 최정아 · 339	
따릉이 자전거 · 최창호 · 340	
강 같은 평화 · 최춘희 · 341	
가을이 묻는다 · 하두자 · 342	
노인은 이렇게 꾸짖었다 · 하종오 · 343	
목련이 지고 · 하호인 · 344	
바람의 전설 · 한만수 · 345	
나무 · 한소운 · 346	
책 탑 · 한영채 · 347	

마침내 사람이 되었다

강경호

영신당(靈神堂)
이사 간 마당 한켠
비에 젖은 부처님 하나
가느다란 미소 짓고 있다
대웅전 높이 앉아 있던 존귀한 몸이
오늘은 옆구리가 찢겨진 채
쓰레기장에 버려져 있다
부처님은 버림받을 줄 몰랐는데
부처님에 대한 관념을 부수기라도 하려는 듯
찢겨진 부처님 몸속으로
새들이 스스럼없이 비를 피한다
높고 고고한 지존의 자리에서 내려와
마침내 사람이 되었다
철없는 나를 닮았다

구름일기 15

강나루(광주)

한기를 느끼는 나보다 뜨거운
구름의 체온이 내 마음을 덥힌다
부드러운 살이 내 살과 만나 감촉이 좋아
오래 안고 있어도 무겁지 않다
체온과 체온, 살과 살이 서로에게 스며드는 일은
마음과 마음이 겹쳐지는 것
사람과 동물이라는 경계와 선입견은 지워지고
마치 내 아들이나 딸 같다는 생각뿐
그러므로 나의 피가 흐르고 있음은 당연한 일

하송리 은행나무

강나루(영월)

깊어가는 가을
하송리 은행나무 사이로
기울어져 가는
햇살이 비치면
진노란 은행잎 바람에 나부끼며
떨어진 노란 융단이
지나는 사람들의 시선을 사로잡는다

기억 속에서 사라진
대정사 앞마당에서 태어나
세월의 강을 건너와
천이백 년을 살아남아
천년의 시간을 기약하는
낙엽이 진다

눈을 감으면
노을 진 하늘과 맞닿은
은행나무는
노란 물결의 잔상(殘像) 위에
기다림의 소원을
풀어놓는다

청사포 파도

강달수

청사포 파도는
대상을 가리지 않고 반짝이는
화려한 네온사인보다
바람과 어둠을 뚫고
오직 자신을 만나기 위해 찾아오는
발자국 소리를 기다린다
결코 혼탁한 세상에 물들지 않는
청사포 푸른 파도여!

봉숭아

강대선

이승으로 넘어오는

징검다리
붉은 노을

꽃상여 타고 떠난
우리 누이
손톱에

아리랑 물들여 놓았지

첫눈 오면
건너오라고

거미백합

강문출

처음 봤을 때 포켓몬의 식스테일이 떠올랐어요

여섯 개의 희고 긴 꽃잎에 혼이 나갔거든요

저 꽃을 오래전부터 좋아했다는 증거처럼요

벌·나비 윙윙대지만 그게 무슨 상관이겠어요

여름날 뭉게구름을 탄 기분이었으니까요

꼬리가 여섯 자란 구미호를 생각했어요

자태가 이국적이라 속뜻을 모를 때가 가끔 있었고요

꽃은 해마다 새로 피지만 나는 늘 처음에 머물러 있어요

오랜 진행형은 활력도 되지만 갈수록 버거워요

꽃은 날마다 사랑을 생활하고 나는 늘 사랑을 공부해요

천년 은행나무를 보며

강상기

저 은행나무는
맨 처음
은행알 하나였다

은행알 하나가
웅장한 거목의 경이로움을 품고 있었으니

고요히
홀로
한자리에 서서

아, 천년

소금 커피

강순구

누군가 타서 주던 커피만 마시다가
모처럼 서툰 솜씨 발휘해 카누 타서
한 모금 마셔보고는 깜짝 놀라 퉤퉤퉤

나이가 들었구나 설탕과 소금조차
구별을 못하고서 소금을 잔뜩 넣은
짭짤한 커피 마시며 생각한다 인생을

달콤한 시간들도 짭짤한 흔적들도
감내해 산 세월들 지나니 모두 소중하다
이제는 달콤한 커피와 짭짤커피 함께 즐겨야지

시간의 연대(連帶)

강영은

돌 위에 돌을 얹고 그 위에 또 돌을 얹어
궁극으로 치닫는 마음

마음 위에 마음을 얹고 그 위에 또 마음을 얹어
허공으로 치솟는 몸

돌탑은 알고 있었다
한 발 두 발 디딜 때마다 무너질 걸 알고 있었다
무너질까, 두근거리는 나를 알고 있었다

그건 내가 태어나기 전의 일이므로
조그만 돌멩이를 주워
마음의 맨 꼭대기에 올려놓았다

태어나기 전의 돌탑을
태어난 이후에도 기다렸다
한곳에 머물러 오래 기다렸다

돌멩이가 자랄 때까지
돌탑이 될 때까지

영동 천년 할마씨 2

강영환

어디 마실 다녀왔는지
줌치가 비어 있다
옷도 벗어주고 왔는지
뼈마디에 찬바람만 감돈다
헐벗고 굶주려 죽은 이의 무덤에
다녀오느라 그랬을 테지
할마씨 속정은 깊어서
다 퍼주고 덮어 주느라
줌치까지 바닥을 보여 주고도
눈보라 치는 영동 산골 한데서
기침 소리 한번 없다
속살에 봄바람 들이고 나면
새 옷 차려입고
새 줌치 다시 차겠다

오솔길

강원산

끝없이 숨 쉬는 봄의 열기 속에
무수히 번져가는 풋내음들

꽃향기 실려 오는 봄 내음에
벌 나비 술래 찾는
새들의 노랫소리

풀뿌리 길을 막은 언덕 아래
수줍어 고개 숙인 할미꽃
누구를 기다릴까

나지막이 피어오른 연기 속에
살며시 밀려오는
어머님 얼굴

내면의 소리

강은희

들리는가
들려오는가

봄, 여름, 가을, 겨울
사계절을
보여 줄 수 있었던 것은
죽어야만 산다는 것을

무언의 몸짓에
더 많은 것들을
알아차려야 한다는 것을

어머니의 꽃

강혜지

길섶 망초꽃
산들바람에 춤추는 꽃의 향기
영혼을 흔드는 당신
언제나 가고 싶은
고향 들녘의 개망초 향기 젖게 하는
순한 그대
망초꽃 사랑해서
꽃을 닮은 그대
다소곳하고
가녀린 개망초 모습의
달맞이꽃 닮은 그대는
하얗게 핀 망초꽃
고향 들길 걸으면 향기로 스며드는 당신
산길에 붉은 산딸기처럼
만지면 손끝에서 터져 부풀려진 눈물
언제나 짙고 향긋한 망초 꽃향기 날리며
사랑을 피우는 개망초 들녘이어라

가끔씩 울음이 비치기도 하네

고미경

허름하게 풀어져 나간 마을길 동구에서

돌아보지 말고 어여 가라며

늙은 어머니가 손사래를 칠 때

함께 서 있던 은행나무 한 그루

날이 차가워진다고

세상에서 가장 따스한 등을 내걸었다

사람의 마을길을 다 비추고

이승의 바깥 길까지 환히 비추는

그 불빛에 기대어 서서

나는 오래도록 바라본다

떠나는 것들의 뒷모습이

아늑히 젖어가는 것을

언어 백화점

고수민

문 창호지처럼 야윈 당신은
다 해진 내의를 입고
한 발에는 구두를
또 한 발에는 고무신을 신고
핸드백도 들지 않은 채
언어 백화점 회전문을 몇 개월째
돌고만 돌고만 계십니다

누가 당신의 세포와 수저와
침구와 페이지를 훔쳐 간 건가요
비릿하고 날카로운 손을 지닌
그는 누구인가요
얼음이 된 당신의 입
번역이 되지 않는 당신의 눈물
언어 백화점 문을
당신은 열 수 있을지요

까치와 은행나무

고안나

앞도 뒤도 잘라버린
빈 둥치에 앉아
까악 까악 나무란다

늙어 겁 없이 치솟는다고
많은 바람 일으킨다고
바로 떨어질 것 같은
위태한 목숨들
한마디씩 내뱉는 잔소리에
밑둥치 보이도록
사정없이 절단해버린
30년생 은행나무

지난해 겨울, 텅 빈 가지 끝
잊고 있었던
두 채의 까치집

이 땡볕에
저것들이 와 저래 울어쌓노
오랫동안 내 심장 후벼판다

늙어서도 성장하는 나무

공광규

시골집 느티나무는 나이를 먹을수록
새로운 가지를 더 많이 내고
꽃과 열매를 더 많이 쏟아낸다

비바람에 꺾이거나
썩은 가지는 땅바닥에 팽개치고
다시 새로운 가지를 밀어낸다

나이가 많을수록 잎을 많이 매달아
그늘의 평수를 넓혀가는
늙어서도 성장하는 나무

오랜만에 고향 집 찾아가
나무 그늘 아래 평상에 쉬었다 오는
할아버지 여럿 앞세운 나무

눈길 묵상

곽문연

밤새 내린 눈이 발목까지 차오른다
잠을 덜 깬 눈바람에
한걸음 앞선 작은 들새들의 날갯짓에
흩날리는 숲속의 축복

풍경에 취해 걷다 문득, 뒤돌아보면
지그재그 뒤따라온 발자국들
순백의 숲, 백지에 발로 쓴 글씨들 드러난 상처가 깊다

산허리에 쌓인 눈이 가로막아
되짚어 내려오는 길,
이런 날은 산도 마음을 열지 않는다

단단한 묵상 앞에
눈밭에 기록한 글씨는 지워지고
들새들의 흔적도 보이지 않는다

능소화 사랑

곽지훈

화려하면서도 사치스럽지 않은
기품 있으면서도 까다롭지 않은
터질 듯 한여름의 충만으로
문득 나의 가슴에 담장처럼 다가와

나의 동쪽이고 나의 서쪽이고
나의 남쪽이고 나의 북쪽인
나의 정오이고 나의 자정인
나의 해와 달 그리고 나의 별

차마 노랑이기에는 붉은 낯가림
그 순정이 살며시 스며들어
늘 나의 곁에 머무는
내 아내 같은 사랑

가을 호우

구재기

번쩍, 어둠이 사라지는
한순간 속에

우주의 일체가
두루 존재하여 온 듯

물든 은행잎 떨어지는 소리
우릉우릉

큰비 줄기차게 퍼붓듯
해적이*를 하고 있는

가없는
기도만 남았다

*지나온 일을 햇수의 차례에 따라 적어 놓은 것

취흥(醉興)

권갑하

그림자에 잔 권하던 도연명을 떠올리면
독작의 애먼 적막도 어지간히 취기가 돌아
빈 술잔 한 번 더 비워 흥에 빠져든다네

맛은 어디서 일며 향은 뉘의 슬픔인가
내려놓을 수 없는 하늘 머리에 하나씩 이고
신명도 술과 같으니 잔 들어 흥 돋우네

신명에 마음 흐르고 생각은 흥에 젖고
쓸다 만 그림자인가 슬그머니 다가앉아
술 떠난 시의 자락을 자꾸 잡아당기네

판운리

권순해

승객이라곤 할머니 네 사람이 전부다
옥분할매
정자할매
양주댁
경산댁

내리는 바람도 타는 바람도 없이

밥먹고 화장실 간 얘기까지 풀어놓는다
운전기사도 슬쩍 끼어들고
말랑말랑하게 주고받는 반말이
한솥밥 먹는 식구 같다

복숭아밭 지나
당산고개 넘을 때까지
옥분할매 입담은 흐드러진다

시골버스를 타면
한동네 이력이 구석구석 다 만져진다
아픈 뼈마디도 다 읽혀진다

피안의 돛

권애자

종이꽃으로 치장한
배 한 척
너무 고와서 명치 끝 아리다
이승의 인연 줄 놓고
어두운 길 무서운 길
머뭇거리는 저 혼령
눈물로
반야용선 띄워
너를 보낸다

목격자

권용욱

반딧불이 혼자서 둑길을 걷고 있네
길잡이 갈대들은 예초기 날에 목이 잘리고
되똥되똥 사라진 동네를 헤집어 찾고 있네
가을은 오고야 말 것, 서둘러야지
미리 으슥할 즈음 섶을 나섰는데
골목은 앞도 뒤도 없이 무너지고 없네
한바탕 불티 날리며 뒤엉키던 어느 여름밤
떠올리지 마라, 누가 죽어 누가 산다면야
행복한 번영, 주검 위의 꽃은 더 창대하리
추깃물에 젖은 개울 바람이 놀리는데
동네가 동네 아니어서 숨어 버린 그녀
아무 데도 이젠 마중 나오질 않네
마지막 걸음일까, 지구에 시찰 온 별처럼
절룩절룩 반딧불이 저만치 깜박이네

통나무 의자

권은중

산기슭에 옹기종기 모여 앉은 통나무 의자
물길 오르내리던 몸
톱날에 물길이 끊겨
막다른 길에서 멈췄다
지친 걸음이 쉬어가고 새가 날아와 노래를 불러도
꼼짝하지 않았다
뿌리 없는 나무 이리 굴리고 저리 굴려도
불평 한마디 없다
장마 한 차례 지나
막혔던 물이 몸속에서 길을 찾았는지
옆구리에서 돋아나기 시작하는 싹
젖꼭지 물 듯 나무에 붙어 있는 운지버섯
통나무 의자가 생명을 키우고 있다
나무는 죽어서도 새 생명을 키운다

은행나무

기복진

어느새 쌓인다
화려한 부스러기들을 이젠
붙들지 않는다, 내버린다
씩씩하게 자라던 봄도
활활 타오르던 여름도
뻔뻔하게 화려했던 가을도
밤마다 새벽마다 찾아든 찬바람에
속절없이 무너지고 까닭 없이 잊혀진다
한 잎 또 한 잎
서서히 쌓인 생의 시간도
어쩌면 이젠
하나씩 하나씩 떨어져야 하리라
털어내고 벗어나야 하리라
지고, 날리는 잎들에도
속살까지 파고드는 허망에도
알갱이 같은 의연함으로
겨울을 기다리며 집 앞을 지키는
보호수 은행나무 있다

지리산 둘레길 5
—동강에서 수철

기성서

함양과 산청의 아픔을 잇는 순례길

하얀 꽃 피워 소복한 때죽나무
상사폭포 너럭바위에 내려와
추모공원을 천천히 되돌아 걷자 하네

빙 둘러 강강술래, 하나 되라는 둘레길

남북(南北)으로, 동서(東西)로 가르지 말고
서로가 서로를 그리며 사랑하라고,
맨날천날 울어댄다네, 폭포수는

역린

김계숙

햇살 맑은 날 징검다리 건너서
떡갈나무 굴참나무
소나무가 뒤섞인 잉어등을 오른다

무리 지어 서 있는 나무들은
불어오는 바람 앞에
한 방향으로 누운 비늘들

가을이 되어 몸의 색을 버리고
스산한 비웃음에 드는데

난데없이 피어 있는
한 송이 진달래
그건 분명 역린이었다

꽃물에 불태우는 나의 마음이다

비밀의 문

김고니

그는 말했다
등대와 등대 사이에 문이 있다고

문틈 사이로 바람이 일렁일 때
터질 듯 하늘을 담은 눈동자가 별이 된다고

나무와 나무 사이에도 문이 있다
언젠가 그가 문을 열고 지나갔던 그곳에
여전히 서 있는 바람을 보았다

그와 나 사이에도 문이 있었으면 좋겠다
바람이 불 때마다 푸른 물결이 일어
닿을 듯 닿지 않는 거리만큼 햇살이 쏟아졌으면

어머니

김공호

그 님

함박 동안(童顔)으로
웃으신다

트리토니아꽃* 피는 올레 입구까지 걸어 나와 한참을
기다리시는 어머니!

어머니는,
태양이다
봄꽃이다
봄 향기 그윽한 땅찔레꽃이다 양지바른 봄볕이다

어머니의 어머니
그 어머니의 어머니 어머니의 어머니이다

온 밤을
각지불** 켜 놓으시고 기다리시는 어머니의 어머니이다

꾸지뽕나무 가시 돋친, 높새바람 불어오는 길목

반기며 나를
안아주는

함박 동안의

나목(裸木)이시다

*Tritonia crocosmaeflora. 남미 원산의 귀화식물
**도자기로 만든 등잔불

미나리

김관식

왕십리 미나리꽝
빌딩, 도로로 변했다

도시 변두리
미나리꽝

아파트 공사
한창이다

흙 실은
덤프트럭 왔다갔다

미나리꽝
흙더미 퍼부었다

오랜 날 지나서

김기준

오랜 날 지난 뒤 비로소
저 별에 갈 수 있음을 알았네
내 영혼에 들어 있는 뼈
육탈의 아픔도
한세월 지나서 처음 느꼈네
풀꽃 향기 가득한 그 강
안개를 당겨 쓸쓸함을 달래던
초저녁 친구 같아 보였네
기다림도 길어지면 신앙이 되듯
물은 바다로 흘러
흘러내리지 않는 그리움으로 쌓였고
밤새 흔들리던 호롱 불빛들은
만나지 못할 꽃무릇으로 피어났네
봄바람 여름비 다 흘려보내고
오랜 날 지나서
늦가을 그림자에 새겨진
희미한 기억의 조각들 보았네
나는 내게서 떠난 지 오래임을
그때 알았네

은행나무 슬하

김기화

둥글게 엉덩이를 맞대 앉는 순간
그들은 모두 은행나무 슬하가 되지
덜 익은 시편들이
노란 은행잎 엽서로 물들면
오체투지의 키 작은 풀잎들 모여
파르르 찌르르 가을이 되지
이마를 짚어주는 그 나무 아래
선들바람 부채가 되는 곳
처음 만난 눈길도 다정한 노래가 되지
치열했던 여름의 기억을
벗어놓을 수 있는 품 넓은 나무
천년 수령 앞에 합장해 보면 알지
인기척에 놀라 돌아보는 다람쥐
밤톨 놓치지 않고 합장한 모습이지
지팡이 짚고 가파른 길 오를 때
엉덩이 밀어드렸던 당신의 슬하
대우주의 미물을 밟지 말라 하셨지
그 음성 듣느라
은행나무 슬하에선 엉덩이 쥐가 나지

사자밥

김남권

할머니 이승 떠나시던 날
문밖을 기웃거리던 짐승이 있었다
몇 날 며칠을 굶었던지
눈은 퀭하니 십 리는 들어가고
허리는 굽은 채 끈 떨어진 갓을 쓰고 있었다
어머니는 작은 소반에 밥 한 그릇을 담고
나물 몇 가지와 전을 담고
동전 세 개를 담아 대문 밖에 내놓았다
밤새 달빛이 먼저 와 입맛을 다시고 가고
새벽녘 첫 닭이 울었다
문밖을 기웃거리던 짐승은 어느덧 자취를 감추고
어머니의 소반에 담겼던 음식도 사라졌다
우리 할머니 지금 어디쯤 가셨을까
배는 곯지 않으셨을까
살아서 오르내리던 대금이 고개 어디쯤
나를 마중 나와 계실까

행운목

김노을

더디게 싹을 틔운다고
재촉하지 마세요

두루뭉술 몸뚱어리
더디다고 재촉하지 마세요
지나온 세월만큼
튼튼해지고 싶으니까요

내가 아직 그대와
함께할 수 있는 건

대나무처럼
백 년에 한 번
꽃 피우는 법을
알고 있기 때문이에요

재촉하지 마세요
있는 듯 없는 듯 당신 옆에서
당신만 바라보고
당신만 바라보고 있을게요

주암정에서 뱃놀이

김다솜

오래된 유물 닮은 전설의 그 배는
소나무 향기와 금천 물소리를 가득 싣고
연꽃 가득한 연못을 지키는 병풍입니다

거센 눈보라와 태풍에 사라지지 않은
한 폭의 풍경화는 장마와 가뭄을 견디고
뱃고동 소리 없이 항해하는 버팀돌입니다

주암정에서 그림을 그리고 시를 짓던
선비들을 꿈꾸는 미래로 초대를 했지요

21세 장원급제한 난재 채수(蔡壽) 6세손
채익하가 머무는 정자에 꽃과 새들이 모여
어기영차 꽃놀이와 뱃놀이를 즐겁게 합니다

그곳에 머물고 있는 귀한 배를 타고
채수 후손들은 경천섬 바라보는 낙동강
문학관 설공찬전축제 참석을 하셨지요

풀잠

김대봉

봄나들이 볕 속에
들어앉는다 어쩌다

가쁜 숨 한번 없이 이리저리 몸 굴리기

꿈나라
푸른 잔칫날
내가 받은
프러포즈

몽돌밭

김도향

갈매기 떼 간섭없이 활개 치는
무정부 넓은 세상
같이 가 보자 머리채 잡아끄는
파도의 등살에 못가겠다
시위하는 돌들의 발악 소리
뼛속까지 핥고 간 파도의 넋살
골다공증 앓고 있는 돌
마마자국 흉한 돌
살갗 파고든 빈 조개껍데기
사리인 양 품고 한몸 되어 뒹구는 돌
제 살 저며저며 돌거울 될지언정
불가마에서 한 걸음도 옮기고 싶지 않은
저들만의 불국토

천년 여인

김둘점

겉 씨 뿌리내려 천년
큰 몸짓에 딱 벌어진 어깨
거칠해진 너의 피붓결에도
환하게 껄껄거리는 웃음

몸이 휘어지도록
자손을 품은
자만일까
여유일까

배젖 품은 아이들
비바람에 그네를 타니
마디마디 휘어지고

오 개월
긴 산고의 고통에
곧 쓰러질 것만
같은 네 자태

황금빛으로
네 몸단장하고 있으니
해산의 기쁨이 온다는
신호

나비길

김리영

맑고 솔직한 앞날개 잃고
한쪽 날개로 날았지

이형 세포들을 부양하며
남은 날개까지 떼고 싶은 날
아슬아슬 절룩이며 유랑하겠지

우거진 참나무 숲에 다다르면
날개의 이면이 빛날지 몰라
한쪽 날개로 날아도 나비길은 있어

쓸모없는 고물

김 명

깜박깜박하는 기억
수돗물 틀어놓기
냄비 태워먹기
냉장고 문 열고 생각 없이 서 있기
매일 매일이 불안한 나날이다

아침을 먹었는지 가물가물
귀중하다고 잘 보관한 것들
못 찾고 집안을 다 뒤지고,

쓸모없는 고물도
누구인가에 의해
새로운 생명으로 태어나는데,

아무것도 따지지 않고
열심히 살아온 과거만이
삶의 전부였는데…

자신이 누구이며 무엇들을 위해
정신적으로, 심적으로 지탱할 수가 있을지
그저 답답할 뿐이다

이제는,
짐 덩어리, 골칫덩어리,
아무짝에도 "쓸모없는 고물"이 되었구나

안녕, 오늘도

김명수

담장 위에 줄장미가
환하게 피었다
더 이상 무슨 말을 할 수 있을까
전쟁과 폐허를 떠올려 보았다
누구에게 상처를 입히지 않았고
누구에게 피해를 주지 않았다
안녕, 안녕
오늘도 변함없는
정을 담고 마음을 담아
당신께, 당신께 인사드립니다
줄장미가 담장 위에
환하게 피었다

죄와 벌

김명철

가을도 상큼하여 아이와 함께 들길을 걷고 있었다
수확이 끝난 포도밭이 보였다
아이와 함께 이삭을 따서 몇 알 맛 좀 보겠다며 헤헤거렸다

풀숲을 헤치고 포도밭에 발을 들여놓자마자
발이 흙에 안기듯이 어둑하게 빠져들었다
곧바로 땅 속에서 쏟아져 나와 얼굴을 쏘아대는 땅벌들!
혼이 나가고 넋이 빠진 나는 메뚜기처럼 튀었다

나에게 무슨 죄가 있어 벌을 받아야 하는가
남자 같은 여자에게 물었다
물을 걸 물어야지 물에게 물어보라
물 먹은 것처럼 일단 사는 게 죄고 벌은 벌이지만
죄이고 벌이고 간에 벌집 얼굴이 상큼하게 꼴보기 좋다는 것과
무엇보다도 새끼는 어떡하고 너만 튀었냐는 것이었다
겁대가리도 없이

은행알

　　　　　　　　　　　　　　　김미순

냄새가 덕지덕지
길 위에 떨어진

　　　동그란
은행알 똥

뒤꿈치 들고
은행잎 딛고
디딤돌 걷기

깡
　총
　　깡
　　　총
조
　심
조　심

노랑 노랑 방귀쟁이야
제발 화장실로 가주면 안 되겠니?

시소폰강의 노을은 동쪽부터 묽어진다

김삼환

애기똥풀 흔드는 시소폰강 저녁노을이
풀잎 끝의 사랑 같은 풍경 하나 지워갈 때
노을에 묻은 그리움 동쪽부터 묽어진다

물 위에 뜬 조각배도 가다 말다 멈춘 곳에
마음 위에 마음 얹어 지워가는 물무늬로
내 영혼 손을 잡아준 사랑아 물든 노을아

푸른 봄

김상우

마주친 풀잎들
꼬리를 흔들며 지나가고
만개한 꽃길
긴 침묵의 시간 뒤로 뻗어 있다
짧은 만남이
숲을 떠나는 뒷모습 쓸쓸하다
오갈피나무 둥치에 기대어
잠시 머무르다 떠난 빈자리
푸른 봄으로 일어선다

닮았다

김상헌

동네 어귀에 홀로 서서
그늘 내어주는
오래된 느티나무

죽을힘 다해 뿌리 내리고
세월의 더께만큼 몸집 불려
모진 비바람 견뎌냈구나

등껍질 깊게 갈라 터지고
몸속에 시커멓게 구멍 뚫린 채
말없이 서 있는 저 큰 나무

아버지 닮았다
아버지의 아버지,
그 아버지의 아버지

가을 1

김선태

햇빛의 수염이 까칠하다

먼 골짝을 되돌아오는 메아리도 얼굴이 야위었다

다리를 다친 바람이 하나 절뚝이며 앞을 지나간다

불새

김선하

욕망에 길 잃은 새

다시 심장을 뛰게 해 줄
그날을 기다리며
날갯죽지에 얼굴을 파묻었지

억겁의 시간이 흘러갔네

처서

김선희

떼창을 하던 매미들
집 앞 느티나무가 한철 불면을 앓고 있다

우리 집 마당으로 가을이 슬금슬금 몰려든다

풀벌레들이
앞마당 풀숲에 숨어
가을을 불러오고
연못을 건너온 방울벌레 울음이
머리맡으로 또르르 굴러온다
달빛 활을 들고 제 몸을 켜는 가을밤의 연주에
서늘해지는 바람

검푸른 하늘이 내려와
나의 잠은
더 맑아져 물속처럼 속이 훤히 다 보이고

마지막 절창을 끝으로 매미가 떠난 뒤
느티나무는 밀린 잠을 자고 있다

아름다운 너테

김소영

몇 겹으로 이루어진 방패인가
대륙의 얼어붙은 호수 위 착륙한 얼음 한 조각
손잡을 곳 하나 없어 미끄럽게 굴러다닌다

그들도 태평양을 건너오기 전에는 같은 물이었겠건만
절대 곁을 내어주지 않는 단단한 얼음벽
자석의 같은 극처럼 새 이민자를 밀어내고 있다

낯선 문화의 충격으로 날마다 깨지고 부서지고
절대적 외로움에 빙하기처럼 피폐해져 간다

지구 온난화가 그들을 녹여주려나
봄조차 올 것 같지 않은 바람 쌩쌩한 호수 위에서
오늘도 언 발만 동동거린다

*너테: 얼음 위에 다시 얼음이 얼어서 여러 겹으로 이루어진 얼음

가을, 허수아비

김소해

선 채로 늙어가는 그런 길도 있다는 걸

발목을 빠뜨린 채 한 생이 저문다는 걸

알면서 제 할 일 끝낸 저 넉넉한 파안대소

국수의 저녁

김수복

이제 일렁이며, 반짝이며 살고 싶다

이팝꽃이 환하게 웃는 막다른 골목

헐떡이며 바람이 지나간다

장대에 국수가 말라가는 저녁이 왔다

화정천

김수지

밤이면 느티나무들이 하늘로 두 팔을 뻗어 별을 만진다

다음 날이면 종일

화정천에 별 냄새가 난다

강아지풀 시창작법

김순진

풀은 각자의 서술 방식으로 시를 쓴다
자기 이름이 무언지 모르는 풀들
풀은 이데올로기를 모른다
풀은 오직 푸르러야 하는 사명뿐
풀은 명예를 모른다
그래서 풀은 낮을 꿈꾸며 밤에 시를 쓴다
그래서 풀은 여름을 꿈꾸며 겨울에 시를 쓴다
그래서 풀은 줄기를 꿈꾸며 뿌리로 시를 쓴다
풀의 주된 서술 방식은 생략
풀은 향기로운 열매를 생략한다
겨울 동토의 시련을 생략한다
그래서 내년의 꿈마저 생략하고 오로지 푸르다
풀은 열매보다 달콤한 새벽이슬을 형용사로 매단다
풀은 온갖 미사여구를 퇴고하여 휴지통에 구겨 넣고
풀은 주변과 동화하는 푸르름의 시를 쓴다
풀의 마디마디와 긴 꼬리 수염에 난 수많은 시어들
풀은 제자리를 맴돌며 우주적인 시를 쓴다

애기봄맞이는 봄꽃이 아닙니다

김승기

봄을 맞이하는 꽃이라는데,
유월에 피면서 어찌 봄꽃일까요?

계절마다 내려오는 별이 다르듯이
그 별빛으로 쌓아 올리는 꽃탑 모두 다르고,

하얀 꽃송이마다 울려 나오는 트럼펫 선율 곡조가 다르듯이
우리들 가슴에도 저마다 다른 꽃들이 피고,

시절 인연이 다 그렇듯이
지나간 희망은 추억의 갈피에 묻어두고,

봄이 저만치 뒤로 물러나 물끄러미 바라보는 계절
연두 초록이 진초록으로 영글어가는 초여름

밤이나 낮이나 별빛 총총, 맑은 얼굴로 반짝반짝,
물기 많은 곳에서 더 반짝이며

저 작은 꽃 하나로 무한 허공에 콕콕
하얀 점을 찍는, 애기봄맞이는 여름꽃입니다

화랑 호수

김신숙

키 큰 아파트가 화랑 호수에 누웠다
청둥오리 한 쌍이 물살을 가른다
멀어진 물살은 자취를 감추고
희극도 비극도 평행을 잃어
나의 삶, 찰나에 평온해진다

나무 한 그루

김아랑

저것이 무엇이냐
나무다
저 나무에 대한 정답은 무엇이냐
푸른 아름다움
땔감
식물세포의 집합
대답 속에는 나무의 현존만 있다
그러나 인식은 다르다
나무 품속에 도는 무한궤도
경험 내용의 다양성을 어떻게 설명할까
나무이되 나무이지 않다
나무이지 않되 나무이다
나무의 현존성은 나무 그것을 초극한다

휘어진 왼팔로 안은 한 송이 새의 둥지
받아내리라
품속에서 태어나는 약한 날갯짓
푸르르 몸을 떠는 헛발질, 허우적댐
전신에 팔을 뻗고 손가락을 펼쳐

나무는 서 있다

가시별

김양화

가로등 하나 없는 삭막한 시골길
문득 느껴지는 소란스러움에
화들짝 잠에서 깨어났지

창문 열고 내다본 하늘은 별들의 수다장
다섯 꼭지 별빛들이
깨진 얼음 조각처럼 비수가 되어
장대비로 내리꽂고 있었어

맑고 찬 은빛 가시에 찔린 나는
숨이 막힐 것 같았지
얼마나 많은 죄지었기에
한밤중 몰래 내려와 내 가슴을
그리도 찔렀던 것일까

계절 따라 피고 지고 날리는 풀잎처럼
많은 시간 흐른 지금
알게 모르게 지은 업 얼마일까
오로라처럼 신비로웠던 그 가시별에
다시 찔려보고 싶다

갈대꽃 필 무렵

김영아

해 지며 피어난 노을에
눈빛마저 붉어진 저녁

가지런한 몸들을 줄 세우고
오직 한곳으로만
고개를 숙이는 갈대

바람을 거스르지 않고
물을 거스르지 않고
키 작은 풀들도 하늘 보라고

갈대꽃이 피기 전
갈대가 고개를 숙이는 까닭

옛 시인의 시

김영재

후득후득 빗방울 청댓잎을 때린다

옛 시인의 시 한 줄 정수리에 꽂힌다

그 사람 빈한했지만 바람에 시를 적었다

비 그치면 들에 나가 나락논 김을 매고

어둑녘 돌아와 등 밝혀 서책 읽었다

시 한 수 짓는 노고로 세상과 맞서 살았다

오방색 단청

김영천

봉은사를 찾아갔다가 산속에서
재빠른 바람 한 자락을 만난다

하얗게 솜 눈썹 하신
만봉스님이라도 지나갔을까
그가 흑잠상 떨치며 스쳐 지난 자리마다
오방색 단청으로 채색되는지라

오리나무, 단풍나무, 갈참나무
온갖 나무들이 안으로 갈수록 진한 색으로
서둘러 시문 작업을 한다

비단 무늬 금단청 하나가 팽그르르
바람을 따라 내려앉는다

천년 동안

김옥경

때가 되면 오신다 하던 님은
천년이 지나도록 돌아오지 않아
귀를 열고 눈을 씻어
법문을 듣고 외며
바람에 깊어지는 풍경 소리
백팔번뇌를 벗었나

사랑도 미움도 마음인데
애초에 마음이 없었다면
아무것도 없을 텐데
아직도 님을 잊지 못해
천태산 은행나무는
천 편의 시를 쓰고 있나

그게 나였어요

김완수

뾰족한 집게에 움켜 잡혔죠
50쌍 다릴 하나, 둘
나중에는 후두두 떼어 버리고
짓궂은 얼굴로 휙 던져버리더라고요

돌 모서리에 머리라도 찍으면 끝났겠지만
어쩌겠어요 배로 기며 살았죠
뱀이냐고 놀림도 당했고
눈물에 허우적댔어요

하지만 말이에요
견디니까 말이에요
새 다리가 나오더라고요

그게 나였어요
내 속에 다리가 있었던 거예요

엄마

김완하

첫돌맞이 손자 도진이는 알지
밖으로만 나오면 왜
엄마의 손이 빨라지는지

놀이터에 방금 깨어난 토끼풀
바닥을 기어가는 아기 개미 떼
오리나무 줄기 타고 오른 나팔꽃

텃밭에 자라는 옥수수 상추 깻잎
둑길을 따라 언덕으로 오르며
저 멀리 지평선 뭉게구름 보여주려고

첫돌맞이 손자 도진이는 또 알지
계절이 바뀌어도 그냥은
꽃이 피는 게 아니라는 걸

엄마의 손이 가리키는 곳으로
도진이 눈빛 달려가 안기니
능소화 한 송이도 피었다는 걸

신(新)세한도
—신축 아파트 공사장에서

김요아킴

쉽사리 제자릴 잃어버렸다

수십 년간 대지와 내통했던 사연들도
한마디 상의 없이
포크레인 굉음으로 날아가 버렸다

인정 많고 거짓 없는 이름처럼
구석진 골목을 끝끝내 지켰던
그 아름드리 품세(品勢)는
더 넓은 신작로를 위해
더 안락한 이웃들의 보금자릴 위해
두꺼운 외피를 내어놓아야 했다

아기 손바닥만 한 잎으로
햇살과 바람을 버무려, 이곳에
든든하게 차려 만들던 그늘은
결국 호랑가시나무들로
일제히 환생을 준비 중이다

보도블록 틈새에 갇혀
인공의 목발에 기대어, 이제는
저 바다 건너 선흘리 불칸낭
그 후박(厚朴)을 한 번쯤
기억해내야 할 때가 되었다

은행나무와 비둘기

김용식

버스 정류장 옆 은행나무 한 그루
우듬지에 앉은 비둘기와 나의 시간은
언제나 열한 시를 향해 있다
벤치에 못 박힌 시간이 가을로 걸어가는지
나무는 어느새 노란 잎으로 무성하고
그늘진 곳마다 녹물이 짙다
은행나무는 먼 곳에서부터 바람을 켠다
홀로 피고 져야 하는 애달픈 그리움
열매로 돌아오는 시간에는 늘 혼자다
낙엽은 비문의 문장으로 서성이고
오후는 가을로 들어섰다
계절을 헤적이는 비둘기
쌀쌀한 가을을 들추며
촉발하는 버스를 배웅하는
또 다른 기다림 속에서
정류장 빈 의자에
햇살이 먼저 내려앉는다

귀거래사(歸去來辭) 1

김용칠

청명한 옥색 하늘빛과 석양의 노을빛
땅의 지기와 함께하는 아름다운 생명들

밤하늘의 별들과 달빛이 어우러지고
반딧불이 별빛처럼 빛나는 세계

개구리와 맹꽁이가 하모니를 이루고
하늘소와 땅강아지가 노니는 곳

꾀꼬리와 종달새, 제비와 딱따구리
뻐꾸기와 두견새 그리고 멧비둘기들의
정겹고 아름다운 새들의 하모니

맑은 날엔 동무들과 술래 잡고 말타기
비나 눈 오는 날엔 물놀이와 썰매 타기

따스한 천륜의 정과
깨복쟁이 벗들과 우정이
맑은 바람 밝은 달빛처럼 물드는 곳

순수 빛의 그 세계로

나 돌아가리

가을에는 참지 못한 말들이 있어요

김용택

하늘에도 땅에도
가을이 왔네요
하늘이 고와요
구름들이 하늘을
잘 돌아다니네요
가을 하늘에 구름처럼
하고 싶은 말을 하며
살고 싶어요
사랑해요
나는 당신에게
지금 이 말을 하고
싶어서 못 참았어요
보고 싶어요
우리 내일이나 모레
저 구름이 하는 말을
해석할 수 있을까요

꽃

김원섭

꽃 영원히
지는 법은 없다지
고요히 잠들었다
살포시 깨어나는 법이라지

금발의 은행나무

김윤숭

나라가 지은 이름
영국사 은행나무

천년이 넘었으니
할머니가 맞겠지

그래도 가을만 되면
머리 노란 이국 소녀

숨어 울지 않는 새에게

김윤환

너는 표정을 알 수 없어 새가 되었지
부리보다 눈이 날카로운 외날개 새
머언 하늘로부터 낮은 나무에 앉기까지
낙하의 두려움을 껴안고 세상을 두리번거렸지
겨울의 나라에 두고 온 어미의 하얀 깃털들
아마 긴 밤의 꿈이었을 거야
이제는 숲속에 들어와 울어보렴
곁에 낯선 벌레들의 울음을 들어보렴
떨리는 나뭇잎 사이 지나가는 바람의 노래를 들어보렴
날개 다친 너는 언제나 비상의 전령
지치지 않는 날이 없었지만
숨어 울지 않기로 해
낙오의 쾌감을 감추지 않기로 해
더는 숨어 울지 않는 새가 되어
긴 비행을 마치기로 해

천태산 은행나무 시제(詩祭) 즈음하여

김은령

뜬금없이 생각이 나네

아직 계실까?
합천 가야면 묵촌리 서씨 가택을 외호하던 은행나무
임란 때도 열흘 밤낮을 울었고
6·25동란 때도
웅— 웅— 하늘의 울음을 울었다고,
그 울음 직접 들은 외할머니가 무릎 위에 나를 눕혀 놓고
화롯불에 구운 쫀득한 은행알을 입에 넣어 주며
호법 신장님이 주신 영약 먹고 내 새끼 무탈하소!
주문처럼 뇌이시며 내 눈동자에 심어 주었던
그 나무!
여전히 잘 계시나 몰라
영험하신 호법신장님, 비손하던 외할머니도 없고
그 비손으로 무탈했었을 엄마도 외삼촌도
하마, 오래전 이승을 떠났는데
그 모습 그대로 아직 계시는 걸까?
무연히 생각이 나네

연실(蓮實)

김은아

진흙과 물, 햇살과 바람
번뇌의 물을 지나 허공을 건너
맑고 향기롭게 꽃을 피워냈다

기다렸다는 듯 가을 햇살 사이로
연밥으로 태어나 한 알 한 알 빼곡한
까만 씨앗이 슬며시 고개 내민다

지상에서 가장 견고한 열매로
제 몸에 상처를 입어야만 싹을 틔우고
천년 후에도 꽃을 피울 수 있다

억겁의 세월을 두꺼운 껍질 속에 갇혀
고독하게 있었기에
탐욕과 무지의 인간을 꾸짖을 수 있다

까짓거

김의상

까짓거
몸뻬 바지처럼 펑퍼짐하면 어때
바람에 산발한 머리칼이면 어때
뒤꿈치가 넓적한 고무신 헐떡이면 어때
까짓거
누가 뭐라 하거나 말거나 폼 제면 그만이지
그렇지 수고한 내게 큰 박수 쳐주면 되지
인생이라는 친구가 힘들어하면
까짓거
한 번 웃고 두 번 웃고 자꾸 웃어주면 되지

풀냄새

김인호

강아지와 들판 산책 나갔다가 빗발에 쫓겨 서둘러 돌아오는데 현덕이네 밭에서 풀냄새가 진동을 한다 감나무밭 무성했던 풀을 금방 베었다 비염이 있어 냄새를 잘 맡지 못하는데도 풀냄새가 온몸 가득 번진다 그래서 가득한 것을 ful이라 부르나 보다 그 어느 향보다 진하게 번져오는 풀냄새, wonderful

흙

김재수

참 용하다

가을걷이 다 거둔 논밭에
어김없이 새싹은 자라
열매를 맺고

잎 진 겨울나무 사이로
또다시 새잎 무성하게 자라게 하는

어디서 이런 힘이 생길까

산과 들을
다시 가득 채우는
흙

오늘도 아버지는
씨앗을 뿌린다
흙의 가슴에

벌거벗은 힘

김재우

후두두둑, 툭, 툭,
후두두둑, 툭, 툭, 툭

한 그루 은행나무
산도 벗고 하늘도 벗고
한 천년 툭툭 벗어버리고
알몸을 드러내고 있네

보아라!
허공에의 면벽을 끝내고
형용사를 버린
제로의 한 문장
요란한 고요

또다시 한 천년 홀로 버틸
누드 파워를 쌓고 있네
또 한 번의 푸른 생명을 위해
벌거벗은 힘
충전하고 있네

괜찮아요

김정례

좀 더디 가요 우리,
내일쯤 보자 했지만
정해진 거 뭐 있나요?
남은 일 있거든 해요
그래도 남거들랑
그마저 하고,
그리고 가도록 해요

기다렸다면

좀 늦는다고 뭐랄까요
혹 꾸중하시거든 들어요
썩 나가라시면 나가지요
들라시면 그때 들어요
좀 더디 가도 괜찮아요

자두

김정원

대문이 없는
지붕이 붉은
동그란
유기농 집

감미로운
심장 같은
미로가 숨은
벌레집

뜨락에서
사람과 벌레와 새가
집을 나눠 먹는
우리 집

희망 안경

김종관

절망이라는 안경을 쓰고
숲을 보았다

안 보였다

절망이라는 안경에
도수를 희망으로 높여 보았다

길이 보였다

꽃 2

김종원

빤히 쳐다보면
얼굴 붉히며 살랑살랑 고개를 흔드는
너

많이 힘들었어
얼마나 춥고 길었는지 몰라

초조해질수록 점점
멀어지고

멈추어 서서 바라다 보면
끝이 너무 가까이 보여

늦은밤 잠들지 못하는
그리움
문득문득 가슴을 흔들어 놓는
얼굴들

아무 일 아니라는 듯
찡긋 웃어 주면

수줍게 고개 숙이며
어깨를 들썩이는
꽃

길을 품은 사람

김종윤

사람과 사람 사이에 길이 있다

몇 번이었던가

슬픔과 기쁨으로 만났던 길을 품은 사람들

이 길을 생명의 탯줄이라 하자

더 신비로운 만남은 없을 것이므로

땡볕 아래

김주대

큰 나무 그림자에 붙은 매미 그림자
매미채를 든 소년에게도
지팡이를 짚으며 가는 노인에게도
까맣게 붙은 그림자
바닥이 품어 준 삶의 그늘들

충청도 가는 길

김준태

산 넘어 산 넘어서 충청도에 가면
우리가 사랑하는 사람들이 참 많다
만해 한용운, 포석 조명희, 벽초 홍명희
이봉창, 윤봉길, 신채호, 그리고 하늘의 별들!
충청도에 가면 우리가 아무렇게나 살아서는
안 된다고 정말 아무렇게 살아서는 안 된다고
차령산맥 흰옷 입은 들꽃처럼 우리를 부른다
아 충청도에 가면 초등학교 1학년처럼 그렇게
초롱초롱한 눈망울로 불러보고 싶은 옛사람들!
가령 계룡산 칠갑산 넘어 홍성 쪽으로 가노라면
가령 진천읍으로 가다가 문득 머리를 들어 올리면
가을날 알밤처럼 후두둑 쏟아지는 그리운 이름들!
저녁노을 받은 산봉우리처럼 고요히, 멀리 빛난다

영국사 은행나무 여행

김지수

귀찮다는
엄마를 모시고 길을 나선다

언제 또 떠날 수도 있겠지만
오늘의 영국사 하늘 구름
지금 아니면 볼 수 없는
얼굴이 흘러간다

하늘과 가까운 은행나무
바람을 모아 리본으로 묶고
아이들의 웃음소리
매달아 놓는다

은행 알알이 엮어 둔
천년 나비의 울음소리
희망의 노래가 되어
우리를 춤추게 한다

추억이 쌓인 노란 주단에
다시 온다는 약속을 새긴다

봄날

김진문

감나무 아래
아이 하나 몰래
예쁜 고추 물총으로
쏘아 올린 외줄기 분수
무지개 굴렁쇠가 굴러간다

밤마다 구구단 외던
꽃방울들이
하나둘
하늘로 흘러내린다
지상에 별꽃이 피었다

아침 인사

김춘자

혼자 사는 연이 할매 집에 들렀다

침대 위 덮어놓은 이불
젖힐까 말까 눈치보는 할매

강아지 키워요? 아니
고양이 키워요? 아니
침대까지 양보하면서 바닥 잠을 청한 지 여러 날
이쁜 것들 이제나저제나 기다린단다

고물거리는 뭔가 있을 것 같아 살포시 이불 젖히니
아뿔싸! 알 다섯 개 눕혀 놓았다

오래된 알,
병아리 되지 못한다는 말 차마 하지 못하고
얌전히 이불 덮어주고 와 아침마다 전화를 한다

병아리 나왔어요?

수선화

김태헌

별빛은
졸고 있고
바람은 스산한데
샛노란 미소 속에
머금은 이슬방울

도도한 금잔옥대
지샌 달을 바라보고
갈 길 잃은
나비 한 쌍
향기 속에 숨어 있네

지렁이와 어머니

김파란

세상에서 가장 약한 존재다
사람들에게 멸시받는 존재다
시도 때도 없이 땅을 일구고
몸을 빠져나온 배설물로도
푸른 우주를 거뜬히 살려낸다
뜨거운 태양의 꽃불에
타는 죽음을 맞이하더라도
생명 있는 작은 것을 위해
꽃을 피우고 별빛을 쏟아낸다
지상에서 가장 너그러운 존재
가장 오래된 사랑이다
너를 보낸,
신을 찾아가는 지름길이다

모란꽃 아래서

                                  김한중

그대가 꽃이기를

향기를 따라 찾아간 곳
향기보다 진한 너를 발견하고
차마 발길을 돌리지 못했다

텅 빈 가슴에 가시가 피고
아파할 사이도 없이 눈물부터 흘리던 날
지금은 사라진 고향 집 마당 모퉁이
거기 조용히 서 있던 너였다

갑자기 불러온 그리운 고향 생각에
아득히 기억 속에 살아 있는
모란꽃 무리 곁으로
독한 담배 연기처럼 사라진 것은
할아버지 인자한 모습만이 아니다

눈물

김형숙

긴 여정의 흔적들
하나씩 꺼내어 펼칠 때

어느 순간
한차례 퍼붓고 간 소나기

안개 걷힌 듯
막혔던 혈관이 트이듯

지우개로 깨끗이 지운
하얀 도화지 한 장 펼쳐지고

깜깜한 하늘에 새로 별빛이 돋는다

살고 지고 살고 지고

김혜숙

그곳이 견딜만하신지
오늘도 묻고 있습니다

살면서 말씀하신 그 말
견뎌야 옛말하며 웃는다

당신은 그곳에서
잘 계신지요

이렇게 푸르다
붉다 노랗게 되는 날이
왔는데

땅 아래는 흩날리고
땅 위는 흔들리는데
만날 날이 가까운 듯하여

오늘 낙엽 밟으며 현생을
견뎌가며 당신 말씀 듣습니다

빈집

김효선

등뼈가 어긋나 주저앉은
지붕 사이로
언덕을 쏜살같이 내려가는
우체부 배낭 안에서
처방전 없는 바글바글한 고지서
깔깔거리다 울먹거리다
뽀얗게 일어선다

나는 빈방을 서성인다

아무렇게나 매달려 있는 벽지에서
푸르기만 했던 잎들이 속울음 운다
무슨 일이 있었는지
저 혼자 붉다 떨어지는 꽃잎들이
뒤꿈치를 들고
빛바랜 거울 속을 서성이고 있다

마음의 끈

나문석

수국이 피는 날
그녀가 떠나갔다

운문을 지나면
꿈에서나 만날
더 없는 사랑 하나
장승처럼 서 있을까

작별의 눈빛도 나누지 못하고 떠난
당신이 꽃으로 다시 태어날 거라고
믿고 싶은 날
흐린 안경 너머로 꽃이 지고 있다
허공에 떠돌던 모든 기억들도
서서히 지고 있다

이제 마음의 끈을 놓아야 할 때
솟대에 앉은 꽃잎들,
후드득
새가 되어 날아가도
오늘은
어머니가 그리운 날

지는 꽃

나석중

봄인가 했더니 벌써 앵두꽃 진다
시나브로 지는 저 앵두꽃에
괜히 서러워지기도 하지만

꽃 지는 일 서러워 할 일이 아니다
앵두꽃 진자리에는 이내
녹두알만 한 앵두가 들어설 테니

그렇다면 꽃 지는 일은
웃으며 오히려 축하할 일이다
지는 꽃은 사명을 다 한 것이니까

오월이 피다

나숙자

기억을 둘러본다
거기에 내가 있고
거기에 그대가 있다 오월에,
내 기억 모롱이 아름드리로 자라
매 새벽 정화수 떠 놓고
기도하던 어머니로
밤이면 보라 등촉으로
환하게 불을 밝히던 그대가
여기 공원 산책로에 서 있었구나
비가 내리는 오후
진리와 화엄의 간극 사이
오롯이 하늘로만 길을 내고
어머니의 그날이 적멸에 든 순간
보라꽃이 환하게 피었다

오동꽃이다

저 작은 것들이

나종영

저 작은 것들이 내 가슴을 치네
노루귀 산자고 솜양지꽃 이마를 툭
치고 가는 풍경 소리

이 세상의 아름다움도
이내 추해질 것 같은 인간의 욕망도
조붓한 숲길에 날리는 흰바람꽃처럼
작고 가벼웠으면 좋겠어

머리가 텅 비어 서성이는
직립의 족속, 너는 너무 많은 것을 가졌구나
논냉이 씀바귀
애기똥풀의 어깨를 살그머니 건들고
날아가는 노랑나비 한 마리

환한 대낮
저 아주 작은 것들이 내 가슴을
뜨겁게 치고 가네

보고 싶어도

나태주

보고 싶어도 참는다
오늘, 내일, 그리고 내일

그렇게 참아서 한 달이 되고
봄이 되고 여름 되고
가을도 된다

이제는 네가 오늘이고
내일이고 또 봄이고
여름이고 가을

아니다 하늘의 별이 너이고
나무들이 온통 너이고
길가에 피는
풀꽃 하나조차 너이다

엄마의 가방

남정자

가방 속
자그마한 지갑엔
대문 키가 있고
까만 비닐봉지 속에는
알약들이 있고
주워 담은
혼잣말도 있다

화단에는
패랭이가 피기 시작했다

백일홍이
접시꽃이
엄마의 손길이

걸음을 멈추고 뒤를 돌아보면
몸이 기억하고 있는 것 하나

지금은 어딜까
분신이 된 당신의 가방은
늘 닫혀 있다
안부까지 꼭꼭 동여맨 채

클라우드 나인

남태식

날개 없이도 너는
날아오르지

세상 꼭대기에 나앉은
위험한 황홀

어떤 상승은
반드시 추락을 동반하지

영토를 급하게 넓히는 행보 뒤
광영의 불운의 빛 그림자

*클라우드 나인: 적란운. 쎈 비구름.

청사포로 가자

남효만

우리 맑은 날이면 청사포로 가자
거친 도시의 카리타스 향 날려 버리고,
그윽한 시골 정취, 소박한 풍경 소리
가득히 녹아 있는 청사포로 가자

우리 흐린 날이면 청사포로 가자
저 멀리 해운대, 미포를 돌아
갈매기 소리 끼룩끼룩 울며 반기고
도란도란 줄지어 선 아주 작은 배 위에
그리움 가득 싣고 청사포로 가자

우리 바람 부는 날이면 청사포로 가자
엄동 해풍은 거칠게 불어와도
몽돌 부비는 소리에, 우리 시름 잊어버리고,
에티오피아 흑인 처녀의 커피 향 그윽하게
녹아 있는 청사포로 가자

어머니 품같이 아늑한 청사포로 가자

서 있는 새

남효선

새가 물고 다니는 것은
새가 날아온 흔적이다
새는
자신의 깃털 속에
날아온 흔적을 가득 담아
한 점 한 점 정교하게
뿌린다
새는
앞으로 나아가지 않는다
자신이 물고 온 흔적 앞에
서 있다
새는
날아온 흔적이 지워지면
깃털을 접는다
요동 없이 서 있다

백구 한 마리
서 있는 새를 물끄러미
쳐다본다

마지막 흔적 툭
떨어진다

칡넝쿨

노금선

가닿을 틈만 있으면 손을 뻗는다
부드러운 걸음으로 다가와
나무는 몸을 허락한다

이때부터 본색을 드러낸다
마디마디 숨통을 조이며
나무를 볼모 삼아 억센 줄기로 칭칭 동여맨다

끝내
제 것인 양 당당하게 칡덩굴 숲을 이룬다
둘러봐도
자리를 내준 나무는 보이지 않는다

그날 직장 단합대회 갔다
산에서 내려오다 발목이 삐었을 때
조용히 다가와 나를 부축해서 내려온 그 사람
사랑이라는 나무로 동여매더니
평생 숨막히는 삶을 살게 한
나의 칡넝쿨이었는지도 모른다

이른 봄은

노명연

귀띔으로 받은
합격 소식을
꼭 쥐어 감추곤

입춘대길(立春大吉)
공식 발표만 기다리는
신이 난 새침데기!

습한 자락길

노명희

울창한 산중으로 들어섰지

굵직한 나무를 타고 오르는 나무 덩굴은
공생인 줄 알았지만 침범이었고
듬직한 나무 위로 복슬복슬 찾아 든 초록 이끼는
그 나무를 서서히 말라가게 하는 중이라나

하지만
다래 덩굴도 금강노송도
이름 모를 여린 이끼도
그저 묵묵히 열심히
하늘을 향해 살아 낼 뿐이야

우리처럼

법고

도종환

저녁 법고 소리 들린다
내 안의 짐승 한 마리
귀 세워 그 소리 듣는다

지난 사나흘은 너무 거칠었다
밖에는 한자가웃 눈이 쌓였다

서해 바닷가에서

류인수

늦여름 자귀나무
거미줄에 사연 싣네
한 알의 풀씨든지
스쳐 가는 바람에도
지워진
발자국들은
또렷하다 뿌옇네

수평선 그 너머엔
바다의 끝 낯선 땅인데
해 질 녘 잠겨오는
주름 자국 어머니 얼굴
썰물에
떠밀려 가네
서쪽으로만 가네

못

문설희

내 사랑 곡진하여

그대 깊숙이 파고 들어가

그대에게 저의 모든 것 드리겠습니다

당신의 몸속 깊은 곳에 묻혀

가지런히 평생을 지내고자 합니다

그리하여 당신과 뼛속 깊이 결속하여

틈 없이 완전하게 하나가 되고 싶습니다

행여 당신과 체질이 사뭇 달라서

온전한 한 몸 이루기가 불가하더라도

그래도 보이지 않게 숨어들어

당신과 함께 견고하게 아름다워지길

지성으로 빕니다

세상 다할 때까지

느낌

문영

당신과 함께
꽃을 보면서 웃기도 하고 울기도 했지요

당신이 떠난 뒤
꽃을 보면 웃을 수도 울 수도 없어
뭐라 말하지만 무얼 말하는지 몰라요

하지만 이별과 죽음이 없다면
어떻게 꽃이, 지는 길을 찾아가겠어요
어떻게 당신을, 사랑을 말하겠어요

허무와 망각이
뭐라 말하고 무얼 말하는지 몰라도
내게는 천둥 번개보다 **빠른**, 느낌이 있어요
눈물과 슬픔으로도 다 말할 수 없는, 당신이 있어요

불발탄

문예진

지하철 1호선 서울역에는

식은 밥알처럼
무딘 칼날처럼
젖은 꽃잎처럼
이차대전 때 죽은 독일 병정 손목에 찬 시계처럼

자, 김밥 있습니다
김밥이 있어요

애 다섯 데리고 셋방 살던 울 엄마
돌에 눌린 장아찌 같은
그 목소리

땅속 깊이 묻혀 있다가
마지막 떨이하듯
김밥 옆구리 터트리고 있었네

도라지꽃

문정석

산허리 붙든
꽃봉오리

바람 불면 고개 돌려
동네 어귀에서 뛰어노는 아이를 본다

밭에서 돌아오는 어머니 소쿠리에
하지감자 한가득

아궁이에 불 지펴 놓고
감자 먹고 놀아라 부르던 소리

둘레둘레 앉은 모습 바라보며
웃음 짓던 도라지꽃

서리꽃

문철호

어젯밤까지 낌새도 없더니
마법같이 피어난 꽃

새벽에 눈을 떠 보니
세상을 온통 하얗게
수놓은 아름다운 꽃

둥근 해가 기지개를 켜면
도깨비처럼 사라지는 꽃

엄마 이야기

민순혜

엄마, 저기 좀 봐, 눈이 왔나 봐
으응?
저기, 나무 위에 새하얗게 눈이 쌓였잖아
그러네, 벚꽃이 만개했구나
엄마, 눈송이가 벚꽃이야?

살구나무

박경조

담장 곁 풋살구 신맛 흘리는 유월
작년에 부화해 나간 그 직박구리 한 쌍인가
내가 풀고 나온 탯줄 어디서 찾아냈을까
저 살구나무 신맛과 초록 사이
들락날락, 둥지를 튼다

혹서기 오기 전에 산란을 해야 할 어미 새들도

바깥에서 혹한을 견딘 세상의 나무들도

자연을 따르는 어떤 생명도 사사로움이 없단 듯,

새알만 한 풋살구 소복소복 품은
옛집 살구나무는
둘레 밥상 옹기종기 숟가락 늘리시던
터울 잦은 울 엄마 입덧 다스려낸 신맛
신맛,
으로 찬란하다

이태원으로부터
—나무 심기

박관서

무성한 숲을 이루거라, 아이들아
골목에서 태어난 이슬들아
향을 사르는 어느 눈빛 한 점
빛나지 않는 게 없어
검은 수정으로 하얀 별빛을 그렸구나
바나나 껍질로 싼 둥근 뿌리를
땅바닥에 대고 허리를 일으켜 세워
흙으로 덮는다 괭이질 서너 번에
묻혀서 보이지 않는 가냘픈 우듬지를
가슴으로 심는다 걸리지 않는
바람과 새와 길을 잃은 어둠과 나와
너와 우리가 만나 이루는
미안함으로 미안함은 지워지지 않아
아침은 밝아 오는가, 새순들아
너를 산에 두고서 버스 타고 돌아간
나무들의 발목에 돋을 뿌리들아
시간에 물들지 않아서 언제든
보듬어 볼을 부비는 영혼의 속살들아

바람난 나무

박광수

호미를 든 어머니가
강변으로 간다

구름이 바람에 날려 어머니의 호미에 찍힌다
겨울잠에서 막 눈뜬 싹,

어머니의 성을 닮은 꽃들이
바람 속에 누웠다

바람에 붙잡혀
겨울을 배신하는 나무
봄바람에 놀아나는 어린잎들
온통 울음바다다

나무가 바람을 울리며
시리게 서 있다

벚꽃 지는 날

박권수

괜찮아,

저렇게 흩날리는 건 다 근심이야

꽃을 만나다

박금리

벌과 나비의 등을 타고 날았다

꽃을 만났다

꽃가루를 묻히며 나는 황홀에 젖어
황혼이 닿을 때까지
꽃 분칠을 단장하고
바뀐 나를 만들어보려
수정하고 수정하며
꽃술에 취해 한 갑자를 살았다
꽃은 시들었고
벌과 나비는 떠나간 지 오래며
나는 수정한 것들의
구경거리가 되어
꽃밭에 엎진 늙은 원숭이가 되었다

불영사 딱따구리가 울었다

박대진

도저히 하늘을 올려다볼 수는 없던
8월 땡볕을 머리에 이고 불영계를 건넜다

계곡 물소리에 비추어 녹음 씻기는 숲길
사브작사브작 너도 걷는데 나 또한 걸어 보았다

천축산 기운 받아 대웅전 석대에 비어든
두 마리 거북은 일천 세월을 혼곤한데,
또 가뭇한 일천을 손꼽아 시름 헤고 있구나
산신각 배롱나무 옷깃 붉음은 하늘 푸르름 더욱 짙어라 흔들리었다

지장보살 연화(蓮花)는 불영지(佛影池)에 그윽한 오후
명부전 지붕 위로 드리워진 주먹바위가 퀀
선악(善惡)을 보지 못한 채 업보는 하염없고
공명(功名)과 보의(寶意)를 얻고자 몸 기울였다

절 숲 깃들어 사는 딱따구리가 "따르르 딱 딱따 딱따르르"
쪼으는 염불 소리로 들려주는 육도(六道) 세계 헤아리면
삼라만상 허튼 바람인 것을 비로소 돌아서 합장으로 받아듭니다

흩어진 내 발자국 고스란히 되밟아 지웠습니다

피아노 폭포

박명현

네가 없을 때는 나도 없었다
기진한 인생의 시간이 오선지에 걸린 채
삶의 변곡점을 지나고
메마른 언덕 위에서 때를 기다린다
내 생명은 이미
내 것이 아니다
누군가로부터 길러진 것이다
겉치레는 모든 것을 잠재우지 못한다
허연 뱃가죽을 내밀고
때가 되면 광대의 몸짓으로 몸을 흔든다
한순간 모든 것을 털어놓으며
혼미한 자아(自我)는 바람에 날린다
누군가의 손짓에 울고 웃으며
자신의 인생마저도
동아줄에 매달린 듯 보내고 있다
생은 광대다

비누 꽃

박민교

훅! 하고 일렁인다
눈물일까요 거품일까요

으레 그런 것처럼
슬픔이 지천에 깔렸어요

어머니의 애끓는 산조(散調)의 현
씨앗 하나 받아놓고 노지 월동 견뎌냈지만

여기는
옷깃 여민 북향입니까

쏟아 낼 수 있는 건
모조리 쏟아 내던 날

패랭 패랭 패랭이꽃
굿거리, 자진 굿거리장단에 장단을 맞춰 목청을 높입니다

'삼가 고인의 명복을 빕니까'

모두 다 가벼운 한때
영원한 건 기다림입니까

은행나무 사다리

박상봉

목적지 없이도 무작정 버스를 탄다
함덕에 내려 바다를 오래 바라보았다

무슨 생각이 있어 홀로 지는 섬과 은결에 물든 너울과 지평선 너머를 살피는 것은 아니다

너는 먼바다를 보며 다정하게 말했지
해 저물기 전에 집에 돌아가라고

말없이 담뱃불 붙이고 한 모금 연기를 들이쉬고 내쉴 뿐
네 마음을 알지만 아무런 대답도 하지 않았어

네가 눈을 감고 있는 것을 보았지만
뺨에 흐르는 그것이 무엇인지 알아채지 못했어

저녁이 슬퍼지면 네게 주려고
함덕 오일장에서 단팥빵과 삶은 옥수수를 샀지

계절은 길가에 핀 풀꽃처럼 말없음표로 길게 이어져 있었어

사람은 나무를 베어 사다리를 만들지만
나무는 정작 사다리가 없어 다른 나무에 건너가지 못하지

나는 오래된 나무처럼 서 있었어
그것이 얼마나 오래 지속된 일인지 모른다

너는 손을 내밀고 있었다
그것을 잡아 달라는 뜻이지 싶어 버스에 올라탔는데

차창 밖에 멀찍이 선 은행나무가
샛노란 단풍잎 후드득 떨어뜨리고 있다

마치, 눈물 떨구는 것 같았다

시곗바늘 사이로

박상진

백로(白露) 옆구리
쿡 찌른 시곗바늘 사이로
차고 넘치는 귀뚜라미 소리
갈바람에 설레는 흰 머리칼

평상 위
빠알간 고추도 질색하는
흠뻑 내린 밤이슬
아예 고개 돌린 벼이삭

억새꽃 풀냄새 가득 찬 이 밤
밤낮으로 끼고 살던
선풍기 보란 듯
달빛 벗 삼아 외고 펴고 살련다

이기적 유전자

박선숙

본능을 드러낸 나뭇가지가 불타오르는 이 땅
궁핍한 애정에 드러누운 나팔꽃처럼
고립된 영토에도 꽃이 핀다

함무라비 법전 앞에 머리 조아리는
고독한 사냥꾼의 파일 속엔
쓸모를 기억하는 이기적인 코딩이 박혀 있다

인류의 멸종에 하늘은 침묵으로 시위하고
쑤셔 넣은 서랍 속 검은 연기가
풀어헤친 박테리아처럼 스멀스멀 파고드는데

우월한 테스토스테론을 지휘하는
열등한 에스트로겐에게 쏘는 화살이
대기의 업적으로 활개 치고

소수의 단세포 프로젝트는 결국
혁명의 딜레마를 넘지 못하고
우수한 지각의 변동이 보여주는 지층에
다세포 심리의 제국을 쌓는다

철학자가 예언한 지구의 미래는
호모사피엔스의 종말로
정체성을 잃고 헤매는 동안

장밋빛 붉은 평화와
인류 소멸의 아픔이
자유와 해방으로 거듭나기를
현대 사회 이기적 유전자에 응답한다

동백

박선우

허공에 걸린 고요가 금이 가는 소리에

꽃술을 따던 동박새 화들짝 자리를 뜨면

분재공원 동백꽃 온몸으로 꽃잎을 연다

만항역, 꽃 사냥 가다

박소름

토요일 새벽 5시
만항역으로 꽃 사냥을 갔다

태백, 영월, 정선이 만나는 천상의 화원에는
야생화가 지천으로 피어났다

만항역에는 역장도 승무원도 없었다
매점은 365일 연중무휴다
그곳에서 오래전에 키핑해 둔 미소를 되찾았다

박주가리, 하늘나리, 긴산꼬리풀 만발한
해발 1,330미터 만항재에선
가끔 지인들도 만난다

야생화를 보며 시원한 바람을 심장 가득 불어 넣었다
이 순간 나 혼자 즐길 수 있는
세상에서 가장 크고 넓은 역전에 머문다

쇠비름

박순덕

제일철물점 앞 콘크리트 바닥 사이에
쇠비름 빼곡하다

꽃무늬 블라우스 차려입은 주인 할매는
삼복에 목이라도 탈세라 물까지 대접한다

쓸데없는 풀 당장에 뽑아 버리라
손님들 한마디씩 하지만 아랑곳없다

젊음이 뽀글뽀글한 열 살 아래 이불집 과부랑 도망간 남편
기다리다 기다리다 벽걸이 시계마저 녹이 슬었다

이제는 그만 삭을 법도 한데
어쩌자고 그리움은 갈수록 무성해지는지

깜깜무소식 남편
해마다 잊지 않고 물어오는 안부라도 되는 양
쇠비름 날로 날로 번져나가고

삽 괭이 호미 쇠스랑
저마다 우두커니 제철을 기다리고 있다

은행나무

박양순

천년을 기다리며
꿈을 키운 너

황금 카페트를 펼쳐 놓았다

천
  년
    을
      거
        꾸
          로
            걸어가 본다

그 길 끝자락에
오래도록 기억되고 싶어
땅속 깊이 나를 심는다

가을

박영순

그 사랑 오고 있습니다

파란 하늘 꼭대기
구름 한 점 띄워 놓고
고추잠자리 날아옵니다

따가운 햇살
언덕배기 사과밭
붉디붉게 화장시키고

다랭이 논 나락 모가지
메뚜기 매달고
일제히 절을 합니다

들길 따라 들국화
물길 따라 갈대밭
산길 따라 울긋불긋

가을이 익어갑니다

천태산 은행나무

박예숙

천기와 지기를 함뿍 머금어
하늬바람 마파람 흩뿌리니
영국사 불보살님
두 팔 벌려 맞아주시네

은행잎 카펫
누구라도 반가운 손

남풍

박옥수

분당선 지하철 안으로
사내아이를 안고 들어선다

구순은 되었을 노인이
아기 엄마 이리 오소
늙은이는 다 살았으니 어서 와 앉으시오

아녜요, 조금만 가면 돼요
시선이 포화처럼 날아와 꽂히고
주름진 입들이 환한 등불을 켠다

요즘 세상은 대통령 다음이 아이여!

속담을 제조하며 어깨를 으쓱거린다
노인의 직구에 지하철 안은 꽃구름으로 둥둥
눈을 아래로 흘려보낸 휴대폰 족속들은
의자 밑으로 몸을 숨긴다

그래도 대한민국은 아직 살만한 나라
해피 바이러스에 전염된 사람들이
아이를 향해 달의 미소를 날린다
현시대의 남풍이
지하철 노인석에서부터 시작된다

갈매기

박완천

푸른 하늘에
날개가 있다

구름처럼 떠 있는
우리들의 소망

너와 나 함께
수평선을 달린다

층층나무

박우담

  능청스러운 매미, 고층 외벽에 붙어 울고 있네 간밤에 잃어버린 별을 찾고 있네 오르다 실의에 빠진 내 소묘 같네 곧 떠날 것처럼 구애의 소리 애절하네 별이 부스럭거리네 중력을 붙들고 있는 내 귀엔 늘 풀벌레 소리 들리지 나는 히스테리의 층계에 갇혀 있네

시

박운식

내 시가 배고픈 사람에게
한술 밥이 될 수 있다면 좋겠다

내 시가 추위에 떨고 있는 사람에게
한 줌 따스한 빛이 될 수 있다면

내 시가 절망에 있는 사람에게
희망의 작은 씨앗이 될 수 있다면

내 시가 농사꾼의 가슴속에서
땀을 식혀주는 시원한 바람이 되었으면

내 시가 논두렁 밭두렁에서 풀꽃처럼
꽃이 되어 피어났으면

푸른 계절

박원혜

오랜 작업으로 마침내
내면의 질서가 생기면
그 수고로움에 대한 보상이
주어지는데
그것은
생기 있고 발랄한 순환이 일어난다는 것

민들레

박원희

파란 민들레가 보도블록 사이 자란다

"저기 저 포클레인이 파면 민들레는"

삶이란 정처 없다

민들레는 뽑히고

없어지고

그러면 어떡하나

최수만 선생님이 바라보던 세상은

하나의 세상은

여름이 오기 전 풀풀 날리며

고향을 옮기던 세상은

들꽃 같은 마음은

사이시옷

박윤자

이것은 희망 고문
엎드린 절망
샛바람 다잡는 물구나무서기는
검지와 장지가 거꾸로 세운 시옷

검어도 너무 검은 까마귀가
모랫바닥에서 날카로운 부리로
과자 봉지를 물어뜯는다
쩍 벌린 발가락은 천상 시옷이다
잔뜩 오므린 껍데기와 씨름을 하다
열리지 않는 오리무중을 물고
나무 위로 날아가 바닥으로 툭 떨어뜨린다

기세등등한 팔뚝을 자랑하는 테트라포드
ㅅ과 ㅅ이 ㅅ으로 어깨동무한 방파제
안간힘 다해 다독거리는 파도들

괜찮다, 괜찮아, 다 괜찮다

말라는 말

박은정

고약한 은행 냄새가
며칠이 지나도 가시지 않는다

아늑했던 소파가 가시방석이 되고
창문은 창살이 되었다

아는 길에서 길을 잃었고
낯선 길에서 자꾸 뒤를 돌아보느라
고개에 힘이 들어갔다

숨겨야 할 일이 많을수록
한번 밴 냄새는 꼬리를 물고 찾아와
시작과 끝을 잃어버리고 말았다

뚝 떨어진 은행이
어깨를 짓눌렀다

해 질 녘

박일아

낮과 밤은 만져지지도 않고
경계도 없지만
서로 때가 되면 순리대로 교대하지

해가 서산으로 넘어가면
내가 제일 좋아하는 절묘한 어스름

밤낮이 함께하는 해 질 녘
붉은빛 노을이 하늘을 곱게 물들여
오래 바라보고 싶은데 어느새 사라지지

우리도 밤과 낮, 흑과 백, 구별 말고
때가 되면 자연스럽게 교대하면서
서로 어우러져 평화롭게 살고 싶어

끼니 거르지 마라

박재학

빨랫줄에 걸려 있는 소쿠리의
삼베 보자기 들추고
보리밥 찬물에 말아
풋고추 마늘쫑 고추장에 찍어
먹어본 사람은 안다
기막힌 말을

끼니 거르지 마라

낙하(落下)

박재화

갖지 못함 때문에 상심할 일 아니야
가진 것 때문에 쉬 무너질지 몰라

꽃이 향기를 뿜는 동안은
그 열매를 먹지 못하느니

기다림도 버림도
예삿일 아니야

한줄기 바람 골짜기를 타자
아무런 언질도 없이

나뭇잎 우수수
강줄기를 좇아 흐른다

외면

박정선

벨을 누르지 못하고

너는 어둠을 더듬다 사라진다
네가 돌아선 자리에 갈등만 자욱하다

불 꺼진 창에선 커서만 깜박인다

빈 문서 파일명을 잊었다

동지(冬至)
블랙커피 잔이 비었다

우리는 이곳에 없었다

와우

박진형

배가 발인 족속이라 낮은 자세로 삽니다

느린 것이 아니라 번드럽게 넘는 겁니다

한 생을 더듬어가니 바쁠 일이 없습니다

막차 역에서

박창민

처음은 누군가에게 마지막이듯
만남은 이별 쪽으로 막 떠났다

첫눈보다 늦은 눈일수록 먼저 녹기도 했다
변하는 사랑이란 번역에서
끝없는 사랑으로 오역되는 역이 있으면 했다

늦게 오는 겨울이 봄을 빨리 발견하듯
막차는 첫차를 가장 먼저 보내는 일에
쉴 계절이 없었다

늦가을을 그렇게 부르면 바람이 시려지는
남은 잎들은 새싹이 올라올 때야
마지막 역에서 출발하는 날이 되었다

막 품에서 태어난 아기가 늦게 늙는다는 말에
가슴에 귀를 기울이려 등이 숙여지는 동안
화장터에 도착한 막차는 울음으로 기적을 울리고

오고 가는 일엔 눈물이 차표였다

봄밤, 찔레꽃

박천호

새파란 달빛이
꽃잎에 내려왔어
그게 어느 봄날
오월 보름쯤이었어
이제 막 눈뜬 꽃잎
설렘으로 넘쳐났어
자작나무 그림자 내린
달빛이 입을 열었어
"곱다, 정말 곱다"
찔레꽃 하얀 꽃잎이
살며시 눈 감았어
봄밤 달빛이 남긴
한 자락 꿈이었어

밤에도 벚꽃은 핀다

박철영

저들도 밤을 새우느라
눈도 뻑뻑할 것이고 몸은 굳고
발목은 시시때때 저릴 것이다
그런 몸을 뒤척여가며
환하게 꽃을 피워낸 것이다
사람들은 꽃만 쳐다보았지
누구 하나 긴 밤 수고한
발목을 어루만지는 이 하나 없다
제철소 교대 근무 삼십 년 넘게
야근에 몸이 쑤시고 고통스러워도
아무렇지 않은 듯 아침을 맞는 벚나무같이
그렇게 다독이며 여기까지 왔다
야근을 마칠 때마다 거울 앞에 서서
얼굴이 환해질 때까지
기계 소음들을 발라냈다

천상병

박철웅

천 원만… 하며 손을 내미는 시인이 있었지
아무에게나 손을 내밀지는 않았지
지금 내리는 비는 시인의 손바닥일까

주룩주룩 내리는 비
천 원만…

오늘 전철에서는 오백 원도 괜찮다며
손을 내미는 남루한 손이 있었지
거울처럼 바라보는 눈길

생은 껌 한 통 값일까
오백 원만…

그가 떠나간 창밖 단풍나무에
오백 원짜리 동전처럼
햇살이 누워 있었다

그림자 없는 햇살은 소풍도 아니라면서

맨발 1

박향숙

비가 묻지 않은 땅
흙먼지로
부드럽지만 발 언저리에 분칠한다

비가 올라치면
걷어 올린 바짓가랑이 사이로
물소리와 철퍼덕 맨발 소리 요란하다

촉촉해진 땅바닥
에너지 되어 전신을 감돌며
마음 가득 평온의 약을 뿌려댄다

모든 시름 덜어낸 환한 미소
오늘도 걷는다, 자연의 맨발로!

백옥정에 올라

배명식

내 소년에 오른 빛고을 잣고개 아래
밤실골 포도밭이 있는 언덕에서
나의 꿈은 어데로 가려는 것이었나
지금은 백화산 아래 놓인 백옥정에 올라
빛의 복무에 쌓인 시름 안고
나목들에 얹힌 눈들이 바람에 흩어지는 것을 본다

모동면의 농부들은 포도밭 안에서
부산하게 추위를 떨치며 움직이고
고향으로 내려와 자연과 벗하며 성자의 삶을 살고자 하는
노화백은 겨울 둘레길의 풍광을 담은 캔버스를 접고
노을빛 안고 묵언으로 걷는다

백옥정에 올라 나의 화두는
살아온 날보다 살아갈 날이 적음을 계수하고
세상 건너가기 전에 누구를 기다리며 흠모해야 할까

새 떼들은 차운 창공을 유유히 날고
한천에는 목마른 고라니 한 마리 목을 적시다가
사람의 인기척에 놀라 달아나는데
오르며 내려가며 부르짖는 나의 기도는
시공을 넘다가 언제쯤 나의 품에 돌아오려나

바다의 연인

백성일

청춘의 열기가
바다를 달구고
바다와 하늘이 하나 되어
붉게 이글거리는
서녘의 수평선
세상을,
노을이 쓸어안고
아!
이글거리는 사랑이여
그대가 바다라면
나는 하늘이고 싶다

고사

             백영미

아득한 시간 저편 왕성한 시절이 있었으리라
더벅머리 숱처럼 풍성한 이파리가 푸른 열기였으리라

숱이 줄고 열기 식고 가지에 매달린 새가 떠나고
텅텅 비워가며 다시 꽃이 피지 않았다

말라버린 밥풀처럼 쪼그라든 몸피는 벗겨지고
숭숭 뚫린 속살마저 드러내면
제 몸 향기 다했음을 알았으리
가지 사이로 바람이 세차게 몸을 때리면
몸의 미늘을 풀어내듯 볕도 바람도 추억도
훌훌 털어버리고 흙더미 속으로 돌아가리

납작한 죽음

백지은

도로 위에 납작한 죽음 하나 있다
고라니 한 마리 납작하게 죽었다
납작해지다 납작해지다 납작해졌다

모든 죽음은 납작하다
숲은 낯설고 평온했다
발끝이 허공에 박힌다

코리안 드림이 납작하게 죽었다
빌딩 숲을 오르내리다가 납작하게 죽었다
비닐하우스에서 납작하게 죽었다

버려진 납작한 죽음들이 발밑을 떠다닌다

네 잎 클로버를 찾은 것처럼

변영희

개 발목,
어쩜 그렇게 가늘지?

검은 통바지 너풀너풀,
이어폰을 낀 채 허공을 걷는다

그렇게 귀여운 애 처음 봤어
덜컥, 행운이야

한 우주를 뒤흔든 여(女)
마음에 그리며 걷는 너

수면을 스치는 소금쟁이처럼 가볍구나

민들레

변창렬

아찔하게 올리미는 대궁 봐
흔들리지는 않는구나
그 위에 고정해 놓은 얼굴이 있어설까

더는 믿을 곳이 없다고 중얼거리며
떡잎은 시들어 가지만
곱게 늙는 홀씨가 한 폭의 사진이다

거울에 끼워 넣고
못으로 박으면
노란색 그대로 남아 있으련만

내가 볼 때마다
그 속에 내 얼굴이 겹놓이는 같아
날아가는 홀씨를 붙잡고 싶어

숲

서범석

빗물 머금었다가 시원하게 목마름을 풀어주는
은혜의 저수지

해마다 떨어지는 낙엽을 쌓아
마음과 생각의 오염을 걸러주는

미끄러지는 비탈진 운명까지
뿌리 깊은 몸으로 움켜잡고 버티면서
홍수 사태를 잡아준 사랑

울트라청소기처럼
이산화탄소같이 녹슨 말들은 빨아들이고
산소 같은 미소 집안 가득
계곡의 잔물결 같은 말씀 가득 채워주시던

머루 다래 산딸기 품고
배부른 냉장고로 내 곁에 계시는
어머니

천년의 기다림

서봉순

가을이 깊어지면
문득, 열병처럼
아득히 떠오르는 이가 있다

전생을 잊은 내게
그리움의 손짓을 보내고
천년을 기다려온
천태산 산지기 은행나무

그대, 천년 전부터
수만 개의 초록 이파리 하나하나
금빛 수(繡) 놓으며
온몸으로 나를 부르고 있었구나

장마

                              서용채

퍼 담을 수 없이

감당할 수 없는

시간이 지나간

다음날엔

어김없이

꽃이 핀다

나무의 뿌리는 어둠에 산다

섬 동

그늘 드리운 아래, 또 그 아래
꽃빛보다 더 붉은 뿌리의 깊이는
빛 하나 없이 빛을 빨아들이는
생명 발전소가 불꽃을 일으킨다

뿌리의 끝은 창백하나 멈추지 않고
꽃의 정수리까지 뿜어 올리는 힘
칠흑 어둠의 힘으로 닿는 길이 있다

먼 하늘에서 오는 빛과 불과 바람을
온몸으로 맞이하며 내려오라고
더 깊은 아픔의 어둠으로 손짓하는
맞이하고 짓는 노동의 처소가 있다

그래서 사람과 나비는 어둠의 꽃을
눈으로 바라보고 마음으로 쟁이며
깊은 뿌리에 생명의 씨를 담는다

오래 서서 보는 나무는 어둠의 냄새라고
활짝 핀 하늘을 배경으로 마음을 찍는다

낙엽

성낙수

아무것도 가져가지 않아 치장한 색깔 다 버리고 가는 그대의 마지막 발걸음은 가볍게 품어 미련 없어 흔해 빠진 얄미운 바람 잡아 수갑 채워 놓아도 도망가서 쫓아가지 못해 미련 버려 돌아가는 발길 소리 나지 않아 묵은 흔적 남김없이 데자뷔로 느껴지는 데칼코마니

검은 비닐을 벗기며

성배순

낫을 휘둘러 무성한 잡초를 제거한다
각각의 이름은 있겠으나 그저 잡초들
한때는 온갖 생명들의 보금자리였던
초록의 몸뚱이들이 나뒹군다
쉽게 녹으면 미세 플라스틱이라지
흙이 되는데 천년이 걸린다는,
밭두둑을 덮었던 검은 비닐을 벗기며
그것의 쓸모없음에 대해 생각한다
비닐을 벗기자 축축한 비닐에
악착같이 매달리는 달팽이들이라니
햇살이 따가우니 도로 덮으라고
몸을 비트는 붉은 지렁이들 아우성이다
우리를 모두 함께 있게 해주세요
필사적으로 비닐 손을 잡는
밭이랑 밭고랑의 우거진 풀들
흙은 무엇이든 쓸모 있게 하는구나

더불어 숲

성백술

나무가 모여 숲을 이루고
너와 내가 모여 우리가 된다
우리 숲이 되어 산맥이 되어
집집마다 마을마다 꽃을 피우고
즐거이 이 강산을 노래 부르자

시냇물이 모여 강을 이루고
강물이 흘러 바다로 간다
우리 강이 되어 바다가 되어
삼천리 방방곡곡 노래 부르며
통일의 새 나라를 이루어가자

봄나물

성백원

냉이를 캐면서
바싹바싹 생각을 튀긴다
생기가 노랗게 폐부를 찌른다
돌미나리는 계모임 중이고
하얀 민들레는 이삿짐을 꾸리고 있다
순희의 등에 업힌 푸른 시간이
봄이라는 이름으로 다가와
삭정이가 된 가슴에 불을 지른다
지우고 싶은 아픔을 태우고
다시 희망의 노래를 부른다
오늘만큼은 너는 봄이다
또한 나도 봄이다

동네목욕탕

성상화

일상의 피로가 쌓이면
무심코 찾아가고 싶고

언제나 아무 말 없이
다정하게 반기는 곳

너에게로 가면
감추고 있는 나를 벗게 하고
따뜻한 온기로 부드럽게 감싼다

모락모락 피어나는 수증기
어릴 적 꿈들로 스며들어
상처가 난 영혼 땀방울로 쏟아낸다

거울 속에 나를 바라보며
도심 속의 찌든 허물

하얀 거품으로 날리고
쏟아지는 물방울 새로운 시작 속삭인다

작은 일상에서의 탈출
서로 다른 삶들이 만나
잠시 머물며 위안받는 곳

작은 쉼표 같은 정화

볼그레한 기운으로 가슴에 남아

매일의 소중함을 알고
다시 시작하는 발걸음이 가볍다

첫

소 율

저 굽어진 골목길을 지나고 나면 오래 방치해 있던 햇살이 고개를 들까 해쓱해진 바람에 생기가 돌까

돌로 된 계단을 건너갈 때면 여름은 습관처럼 햇볕을 날카롭게 벼리곤 했다 가을은 너무 쉽게 이별을 고하며 갔고 긴긴 겨울밤을 지새는 동안 희망은 절망보다 잔인하였다, 마침내 결기에 찬 눈빛들 성전 안으로 든다

기도하라
되도록 간절하게
우리 모두 창세기의 첫 문장같이
그렇게 비로소 첫걸음
떼기

그땐

소 흔

태어날 때는
몸도 한 살,
마음도 한 살

늙어 갈수록 멀어지네
마음은 이팔청춘,
몸은 희수 너머 미수

몸과 마음이
너무 멀어져 안 보이면
그땐……

보현산

손준호

다 보고 있다
산꿩 세 마리 어느 능선으로 놀러 갔는지
아랫마을 감나무 홍시가 몇 알 남았는지

다 듣고 있다
시퍼런 무청 쑥쑥 허공을 치받는 소리
아이고 무릎이야, 가을하는 노부부 앓는 소리

눈은 떴는지
밥은 먹었는지 밥벌이는 하는지

바람도 숨 차 쉬어 오르는 천문대
등 수그려 애처로이 품은 것들 살피랴

돋보기안경에 보청기 주섬주섬 챙기는,

춘삼월
―범화초등학교

손진옥

우주를 향해
개구리가 펄쩍 뛰었다
바다에 가고픈 아이는
시항천 맑은 물에 고무신을 띄우고
배고픈 아이는
호드기를 불며 웃었다
논두렁을 따라 아지랑이 피는 하굣길
숙제도 심부름도 잊고, 송사리처럼 놀다가
맑은 눈의 어른이 되고 싶었다
쟁쟁한 해를 품고 숭없이 살고 싶었다

풍년제

송시월

비 그친 서녘 하늘
노을에 푹푹 발이 빠진 황소 구름
이랴이랴 고삐를 당긴다
우리 집 무논을 끌고 지평선 쪽으로 빠르게 이동하며
쟁기질하고 있다
음매애~~ 음매애~~ 노래에 노래를 매달고

올해 풍년 들겠다

정혜사지 십삼층석탑

송은숙

은행나무들 어깨 겯고 지키고 있는 아담한 불국토
집 한 채 들어서면 알맞겠다
부엌에 마른 장작 쌓아두고 울타리 옆에 우물 파면 좋겠다
마당엔 클로버가 깔리고
가끔 네 잎 클로버도 찾으면 행복하겠다
안채 대신 들어선 십삼층탑
기단이 마루처럼 넓다
날렵한 낙수면은 볕 바른 마루 위에서 까던 잣송이 닮았다
층층 탑신과 옥개석까지
잣 하나에 우주(宇宙)가 들어 있다
우리는 온 힘을 다해 잣송이를 열고
정갈하게 잣을 털고 껍질만 남겼다
석공은 온 정성 기울여 돌 속의 보륜을 캐냈을 것이다
돌 속에 우주(隅柱)가 들어 있다
깎고 다듬고 덜어내 잣나무 수피처럼 남은 돌의 근골
누대의 바람과 햇빛과 안개와 비가 어루만져
맑은 지문 새겼다
내년에도 푸르게 귀 세우며 뻗어갈
클로버가 그 흔적이다
가을볕에 꼿꼿한 은행나무도
찬 바람 불면 탁본처럼 황금빛 지문을 뜰 것이다

연꽃

송은애

누가 외롭다고 했는가
달님도 동행하고
별님도 함께하는
오늘 저녁엔 유난히 빛이 나건만

아니, 잘난체하며 고개 든 저 여인과
연인하고픈 우주의 만물들이
삼라만상 품에 안고
돌아간다 빙빙빙

안나푸르나 여정

수 완

포카라 사랑곶에서
창문을 열고 침상에 누워 뒤척이면
아침 햇살로 황금빛 치장을 한
안나푸르나 형제봉들이 창문 너머로 내려다본다
뾰족하게 하늘을 받치고 섰던 마차푸차레는
히말라야를 박차고 나와 페와호수로 자맥질하고
다울라기리는 먼발치에서 뒷짐 지고 헛기침하며
좁손 카리칸다키 강가를 점잖게 거닌다

무한 생명의 노래여
아침 햇살로 깨어나는
사랑과 희망으로 충만한 자여
저 하늘 높이 치솟아 용솟음치는
황금빛 외침에 함께하라

간격만큼 그리워지는 사랑

신명자

너를 사랑하고도
이만큼의 날들이 남았다
어쩌면 사랑할 날보다도
그리워할 날이
더 많을지도 모른다

때로는 장대비 내리고 비 그친 뒤,
산안개처럼 피어오르는 마음
사랑한다고
꼭 함께 있어야 하는 건 아니다

간격만큼 더 그리워지는 사랑

그 이름으로 너를 세워두면
밤새 수풀 속에서
풀벌레들이 울고 있었다

처음

신순말

노거수 아래에 서면
이 안 어딘가에 어린나무가 있을 거야
아마도 있었을 거야

구새먹어도 해마다 새잎을 내고
꽃이며 열매를 잊지 않는 나무

그 처음이, 자그마한 처음이
있을 거야 나무 안 어딘가에

거친 보굿 그 속 어디에서
들려오는 물관의 심장 소리

첫 마음들이 희미해지면
이미 흩어졌을까 쓸쓸해지면

가만히 나무를 껴안고
어린나무의 기억으로 엿본다
내 처음들을

뒤주

신언관

유다락에 잠자고 있던 뒤주
오십 년 만에 나타났는데
거기에 노상 들락날락했을텐데
신통하게 쥐 이빨 자국 하나 없다
좀 먹은 구석도 없다

쌀 두어 가마니 들어갈 만치
양식 장만하였을 할아버지가 만든 것
아버지가 같은 터에 새 집 지으며
가보처럼 꼭꼭 숨겨 보관하였구나
언젠가 누군가 찾길 바라며

이건 그 흔한 궤가 아니다
수만 번 손길에 윤이 나는
대를 잇는 집안의 표상 같은 것
세상의 전부인 곡식을 허리에 묶어
짊어지고 살아낸 핏줄이다

고구마가 고구마에게

신영연

이성의 귀를 가까이 기울여도
들리지 않는다면 감성의 수분 부족이다

아직 그의 마음은 단단하여
찔러도 바늘도 들어가지 않을 것이다
그러니
물을 충분히 붓고 잠잠해져야 할 것이다

한 번은 뚜껑을 닫고 깊은 사념은 건너야 않겠는가
그리고 인생을 논해야 하지 않겠는가
부글부글 토해 내고 싶은 말들의 날이 오기도 하겠지만
뚜껑의 자세를 비스듬히 하고 참아도 봐야 않겠는가

한 김이 빠지더라도 지금은 덥석 대화의 말미를 잡을 때가 아니다

이리 뒤척 저리 뒤척 해찰의 시간에 눈파리는 어떠한가
견딘자의 대화는 열정적일 테니
그 뜨거운 맛을 익히고, 기다림을 건너면
심장은 말랑말랑해질 테니 그때는
어떤 말을 호호 불어도 소화가 잘 될 테니

바람 소리

신원철

함양 땡볕 아래 종일 다니다
술 몇 병과 건포 조각 앞에서
이야기 나누는데
노래하다
달빛 젖는데
수목을 스치던 창밖의 바람
어느 순간
여울물 소리로 흘러드는데

구름 나라

신현옥

구름 나라에는
풍선 부는 곰이 있고

엄마 고래, 아빠 고래
같이 살아요

아기 고래 어디 있니
저도 몰라요

아마도
새하얀 솜이불 속에

엄마 젖 먹고
잠들었나요?

구름 나라 바다는 넓고
깊어서

구름 나라 들판은 넓고
넓어서

크고 작은 배들도
서로 오가고

푸른 연기 품어 내는

기차도 가요

물거울이 흔들리면

신화정

하얀 그늘을 걸친 새벽
할머니는 머리에 이슬을 얹고 집으로 돌아왔다

가슴에 몰래 품고 온 마른 뼈와 함께
부엌으로 들어가 문을 걸어 잠그고
정화수 앞에서 한참을 빈 후에
그 뼈들을 절구에 빻아 이모에게 먹였다

아무도 뼈에 대해 묻지 않았으나, 마을에
무덤을 파헤치는 여우에 대한 소문이 돌 무렵
물거울 앞에 머리를 빗는
이모의 목뼈가 슬펐다

그날,
짓무른 별빛이 한꺼번에 쏟아져
이모 눈동자에 꽃잎처럼 침몰하였다

시나브로 동그랗게 퍼지는 파문을 감추려고
한없이 붉어지던 할머니의 눈꺼풀

그런 날엔,

파헤쳐진 밤들이 신열을 앓고
할머니의 집은 살비듬을 날리며 뒤척거렸다

화석나무

심수자

보이지 않는 것들, 멈추면 보일 것 같아
속속들이 굳어버린 나무가 있다

노을 앞에 서서
가만히 뒤돌아보는 길을
나이테로 둘둘 감아둔 나무가 있다

징검돌 건너며 들여다본 물속에서
구름과 바람, 날아가는 새들까지
USB에 꼭꼭 숨겨 둔 그런 나무가 있다

오르고 싶은 욕망을 향하여
마음껏 달려보지 못했고
사랑다운 사랑도 꿈꾸어 보지 못했으니
메타세쿼이아라는 이름은 잊어버린 지 오래

껍질의 안, 살을 비우고 뼈를 비우고
텅 빈 그 자리에 돌을 들여놓았다 해서
내 안의 욕망과 사랑이
아주 돌이 되어 버린 건 아니다

내가 나를 외면할수록
슬픈 낯빛이던 나무는
거듭거듭 화려하게 변신하는 중이다

비주류들

안원찬

질경이는 혁명의 전사다
버려진 땅을 자신의 영토로 개간하는

작고 여린 꽃
어머니의 심장 같다

질경이 닮은 사람들
스스로 길을 내는,
고달프지만 절대 영혼 꺾지 않는,
이 땅의 비주류들이다

오늘도 혁명 중이다
땅 파고 공장 돌리고 자동차 고치고
하수구 뚫고 빵 굽고 밥 짓고
똥 푸고,
그리고 또, 작고 여린 꽃을 피우는
이 땅의 질경이들

서역의 미소

안현심

타클라마칸 사막에는
바람길 따라 묻혔다 나타나는 도시
단단위리크가 있는데요
갈대로 엮고 진흙을 바른 벽에
힘찬 붓놀림으로 그린 벽화가
참 아름답지요

철사를 둥글게 구부린 듯
굵은 얼굴 윤곽선

먼 곳을 응시하는 듯 아슴한 눈빛

보살의 미소는
극락이 들어앉은 우물,

사막에 생명을 키운
연꽃이었죠

신안 천일염

안 호

신안 섬 앞 바닷물
한 모판
무 자르듯 뚝 떼어다가
가두어 놓았다

쥐 죽은 듯 갇힌 바다
곰삭은 기억을 말려가며
회귀의 먼 길 떠나기 시작한다

쨍쨍한 햇볕에 말려
한 방울의 눈물까지 비틀려 갈 때
바스락거리는 하얀 영혼

가슴 밑바닥 쌓이고 쌓여
쌀이 되고 피가 되는 화석 무더기

짠맛으로 복제된 기억
망망대해 따위는 까맣게 잊었다

들꽃

양 곡

햇볕이든 그늘이든
천둥 치듯
번갯불 치듯 세상을 떠돌다가
별빛에 젖어
샛바람에 실려
비 오는 아침 산책길까지 찾아와
나에게 자꾸
이야기를 걸어온다

잘 알아줄 것이고마는,

양문규

　엄니는 날이면 날마다 염주를 돌려 가며 자는 잠에 나 좀 빨리 데려가 달라 부처님께 애원합니다

　천태산 은행나무 은행알이 아그들 똥보다 더 구린가 구경 가자 떼를 씁니다

　돌리던 염주를 목에 걸고는 기우뚱 일어나 몇 발짝 나서다가 이내 침대에 쓰러져 눕고는 푸슬푸슬 한 말씀 떨어뜨립니다

　똥이야 저승 문턱에 서 있는 내 똥이나 구리지, 우리 아그 똥이야 부처님 똥만치나 향기롭지, 그건 천태산 은행나무가 잘 알아줄 것이고마는,

은행나무 의자

양선규

천년을 살아도 그늘은 늙지 않았다
날마다 피워 올리는 푸르른 노래
봄에는 연둣빛 선생이 자연을 가르치고
나뭇가지는 새들에게 둥지를 내준다

오랜 세월 살아온 몸이 시(詩)다
서 있는 자리, 사람들의 의자가 되고
가을엔 노오란 열매의 말씀으로 맺혀
하늘 같은 구원의 기도가 되기도 한다

연결

양효숙

In터넷을
ㅅ터넷이라고 써본다

반짝거린다

진다는 말

엄태지

진다, 이 말 참 좋다
별이 지고 꽃이 지고 계절이 진다는 말
오늘 지인의 아버님이 돌아가셨다는 부고가 왔다
그래 진다는 말은 돌아간다는 말이기도 하다
한세상 꽉 움켜잡고 있던 한 그루 물푸레나무가
흙에서 나와 흙에 뿌리를 두다 가는 것
나무의 이력이야 꿰뚫고 있지만
지인의 아버지는 어디로 돌아가셨을까
오늘 밤 물병자리별들 한없이 깊겠다
갈증의 생들이 져서 돌아가다 목을 축이는 자리
그 너머 어디로 우리는 지는 것일까
돌아간다는 말은 돌아온다는 말
피반령 굽이굽이 오동나무 그 결 고운 무늬목 한 그루
누가 오동꽃 꽃차례 자욱이 피워낼 수 있을까
돌아오는 자들의 목 긴 푸른 물병을 향한 발소리
송이송이 돌아와 앉은 꽃들의 계절
진다, 이 말 참 붉다
내 한 생이 다시 돌아온다는 말 같아
찰랑찰랑 넘친다

배롱나무

여 목

여름 내내 꽃 피운 배롱나무
바람결에 간질간질 춤을 추네

향기 없는 붉은 몸짓
일편단심 장관이어라

한 계절 머물다 떠나지만
혀가 돌돌 말리는 그 이름

삶의 버팀목 소망 품은 선물
나는 정녕 반기며 온몸으로 안으리

여름 강물에 몸 부시듯이

염창권

어느 옛 절, 아주 어린 땡중이 살던 절에 늘그막 다된 중이 백 년 넘은 독 부시는 일 힘들다, 생각하고는 그 아랫것 시켰는데

엄마야,
이른 새벽 멱 감으러 나갔는지 느티나무가 흘린 말 엿들으러 갔는지 빛으로, 몸 갈아입는 나무들에 넋 놓다가

그 귀신 물린 독을 박살 낸 땡중이 무엔가 홀린 듯이 텅 빈 적막 들여다볼 때 햇빛에, 반짝여 오는 슬픈 것들 우련하여,

마음속의 진동음이 터엉 텅 두들겨지며 우주의 씨 날줄이 빈 독처럼 휘어져선 몸 가는, 문 앞에 써 붙인 염불처럼 글썽이매,

아, 그 그 마실 돌아오는 길섶에서 우주의 실 끝 같은 진동을 붙잡고선 늙도록, 몸 부신 것이 깨진 독만 같아서

누가 흙수저인가

예시원

스텐 수저로 죽이나 밥을 떠먹고
라면이나 국수를 먹는 건
누구나 동일해
새마을운동 시절처럼
무작정 서울 상경한
무학력 무기능 무자본
농민공은 없어
아금박지게 살아봐

봄 메모

오안순

비류대로 1번길
벚나무 불꽃놀이 터졌네
작년에도 이리 숨 막히는 절정이었던가
눈앞에 흐드러진 축제를 보면서도
꿈속인 양 믿을 수가 없구나

녹아내려 멈출 것 같던 지난여름
불 구덩이보다 더 뜨겁게 끓었던 태양도
선선한 가을 절기엔 맥없이 꺾이고
올 것 같지 않았던 겨울도 와주더니
또 이렇게 자상한 풍경 결쳐주는구나

설레발치는 젊은 계절을
황혼의 꽃은 덤덤히 맞는다

그렇지만 내 아무리 봐드
올해의 화려한 봄꽃은
유례없는 대형 화재구나

아궁이

옥 빈

사내가 마른 솔잎 같은 까칠한 말[言]을 태운다
혹한의 계절을 견뎌온 삭정이의 외마디 소리—따ㄱ

사내가 수없이 들었던 참회의 고백은 대부분
그을음으로 기록되었으나 때때로
생가지들은 거품을 물었고
눈시울을 붉히던 사연은 연기처럼 사라졌다

부지깽이를 든 검은 잠바의 사내는
내 안에서 수없이 태워졌던 침묵과 동반자다

속이 탄다, 저 사내에게 달렸다

뜨거운 채찍으로 달구어진 구들장 들썩이는 날이다 사실
아우성은 혼란스럽다 그러나
마지막 한 번 온 힘을 다한다는 것은 얼마나 다행인가

이실직고 너의 재를 묻겠다

와온 낙조

우정연

해안 도로변 단칸방
의 늙은 감나무
홍시, 올망졸망 낳아 부끄러워

초겨울 바다 물빛부터
낯달 두 볼까지
불그스름하니 주홍빛 화엄

민달팽이

우진숙

사방에 널린 게 집이지만
그는 여기저기 떠돌며
유랑을 즐기는 마니아

자식에게 물려줄 재산 같은 건
안중에도 없는 듯
그는 노숙자로 산다

아무 말도 하지 않고
바닥에다 몸으로 글을 쓰는
그는 방랑 시인

자연의 손바닥

유승도

손오공이 날아봤자
부처님 손바닥 안이라고 했나?

예수와 부처는 날아봤자
자연의 손바닥 안이다

너도 나도
자연이란 몸의 세포 하나하나이니

벗어나려 하지 않으며 산다

유년 삽화(揷畫)

유재호

밤하늘 저 높은 곳
별들의 강이 흐른다
매캐한 모깃불 옆 여름밤은 깊어가고
깊은 꿈 검은 강물 위
흐른다 내
몸
둥 둥 둥

꽃진 자리에

유준화

베란다 바닥에 빨간 동백꽃 떨어져 있네
질 때를 알고 있었던가
떨어지는 동백꽃 송이는 비명을 지르지 않는데
바닥은 붉게 눈시울을 적시는구나
애착도 눈물도 넋두리도 없는 동백꽃 나무
너를 보고 있는 내가 몸살을 앓고 있는데
섣달그믐 긴긴밤, 폭설이 내리고 있다 창밖에

나비

유진택

아이들이 방충망을 들고
나비를 쫓아다녔다
꽃에 앉아 꿀을 빠는 나비여!
겸상도 허락하지 않는
혼밥주의여!
나는 나비가 안쓰러워
가만히 방충망을 내려놓았다

걷기 14
—그늘 사랑

유혜련

폭군 태양 가슴에 불덩이 안기고
약골 바람 구름 하나 밀어오지 못한다
빌딩도 번쩍이는 간판도 없는
시골 논가 허름한 풀섶 길
묵주 알 굴리며 고이 걷는다
칡 메꽃 사초 달개비 환삼덩굴
더불어 사는 쑥 망초 소리쟁이
제멋대로 자란 풀 뒤엉킨 오솔길
소나무 밤나무 뽕나무 상수리나무
큰 키 어깨 겯고 뙤약볕 막아 주노니
키 작은 나 오롯이 잠기어
이 길이 꽃길인 양 한들거린다

단풍나무 종이학

유회숙

가을 산이 제 그림자에 놀라
망설임 없이 붉다
고백하기에 너무 늦지 않은
시월 어느 날
단풍은 드러나는 거라며
단풍은 단풍나무가 으뜸이라며

카시오페이아
사무치게 돌아나는 별자리
너의 이름으로 나를 접는다
시치미 뚝 떼고
산허리를 돌아 숲으로
지극히 날아오르는 천 마리 종이학

봄빛 양장점

유효정

드르륵드르륵 재봉틀 소리가
끊이지 않는 길가 양장점이 보여요

노란 천으로 개나리 치마를 만들고
버들잎에 나팔바지를 만들어 입혀요
길게 줄을 선 손님들
분홍 저고리 지어 달라고 졸라대는 진달래

봄이 온 거예요
쉴 새 없이 돌아가는 재봉틀
드르륵드르륵 봄빛 양장점

밥

윤관영

그렇다
쌀을 다 쏟고 나서 그 포대를 세울 때
그때 바닥으로
두레박이 우물물에 떨어지듯
낙하하는 몇 낱 알쌀의 그 소리
크다
매양, 그렇다
계량컵의 쌀을 쏟을 때
솥은 깨지는 소리를 낸다
쌀이 쌀 위에 포개질 즈음에야
그 소리, 잦아든다
그러고 있다
길 없는 귀신의 길도
밥이 내고
밥이 메운다
다보록이 밥알밥알 눈 환한 밥의 길
그렇다

어머니를 닮았다

윤수천

천태산은 어머니를 닮았다
힘들 때 찾아가면 말없이 품어준다

사느라 겪었던 시름과 아픔이
눈 녹듯이 사라지고
편안해지고
없던 기운이 솟는다

나이 들수록 어머니가 그립듯이
천태산이 그립다
천태산 은행나무가 그립다

글썽

윤수하

저 언덕에 나무 한 그루
글썽거리고 서 있습니다
나는 오래도록 그 모습을 못 잊어
한 번씩 가서 봅니다
젖배 곯은 아이의 궁핍이
나무의 모습에 스몄습니다
옷자락 차마 잡지 못하고 보낸 쓸쓸함도
나무의 그림자에 스몄습니다
우주는 천천히 돌지만
못한 이야기를 다 들려줍니다

애기동백 1

윤인자

압해도 겨울바람을 맞아야
비로소 깨어나는 애기동백꽃
모든 꽃이 떨어지고 세상이
꽁꽁 얼어 서야 피우는 꽃이라니
세한도처럼
일 년 중 가장 추운 때 잠을 떨치고
붉고 뜨거운 꽃이 피어나면
그 위로 소복하게 내리는 새하얀 눈
애기동백의 숨결로 분재공원은
세례를 받는다

디카

윤중목

아무래도 이 사진은 쓸 수 없겠는 걸요
포샵으로도 마사지가 영 어렵겠어요
여기 여기 이 부분을 좀 보실래요?
아래쪽요, 아니 조금 더 아래쪽요
이곳 머리칼 끝 말이죠, 짭짜름한
소금기가 전혀 안 배어 있잖아요
그리고 이 섬 처녀 비릿하고도 봉긋한
대체 살냄새는 어디로 사라진 거죠?

장대비

윤창도

검은 아스팔트 위
수천의 나비 떼 후드득 후드득 날고 있다
어디서,
반갑지 않은 손님이 갑자기 대문을 차듯
땅을 거침없이 패고 있다
세차게 팰수록 나비 떼의 춤사위
숨,
가쁘다
양철 지붕 아니어도
세상의 소리 다 삼키고 있다
시커먼 구름 하늘
세상의 먼지 다 쓸고 있다
검은 아스팔트로 뛰쳐나온 풀숲의 개구리
수천의 왕관 위로 뛰어오르고 있다
우산을 쓰지 않은 한 무리의 꼬마들
신나게 모퉁이로 뛰어가고
예고도 없이 불쑥 쏟아지는 산고(産苦)
한바탕 메마른 땅 뒤죽박죽 흩뜨리고 있다

유성(流星)

윤태진

山寺夜寂寂(산사야적적) 산사의 밤은 고요하고 또 고요한데,
黑天台叢叢(흑천태총총) 칠흑 같은 하늘에 별은 수없이 빽빽하네,
流星趨大空(유성추대공) 별똥별은 크고 넓은 하늘을 달리고,
戀慕奔厥公(연모분궐공) 간절한 그리움은 그분을 향해 달리네

송이도

이강산

내일은 밀물에 젖으려고요

지금은 빈 바다 나 홀로

갯벌의 마음 바람의 는물

먼 길 사무친 당신의 우랑

내일은 첫배처럼 섬에 드는 날

생에 단 한 번 마지막인 듯

당신의 밀물에 젖으려고요

텐트

이강하

올해도
후회 없이 잘 살았다고 할 수 있을까
갑자기 떠난 낭떠러지 꽃들도?

냇물 구름 강물 돌 바다가 되었다고 할 수 있을까
태양 달 별이 되었다고 할 수 있을까

예고 없이 떠난 그때 그 님은
산을 메고 오르내리는 낭떠러지 같다
여름과 가을 사이
사람과 사람 사이
나쁜 무늬는 오래 기억하지 말기를

급작스런 이별은 어쩔 수 없다고
가뭄과 폭우도 견딜 수밖에 없다고
곰곰 산나리꽃 흔든 바람 사이
초승달과 마른 나뭇가지 사이 동그마니 앉아 있는 나

엄마의 심우도

이 경

엄마의 거친 손
자갈밭에서도 푸른 은행잎 같은
곁순을 품는다

엄마의 아픈 손가락
맏딸을 찾으러
바짝 틀어쥔 고삐, 코뚜레가 팽팽하다

검은 소, 흰 소로 변한다

엄마의 목우(牧牛)
그 흰 소가 길 위에 홀로 서 있다

모과처럼

이금례

봄에 당신은 모과꽃을 본 적이 있나요?
아마 가을에 못난 모과는 보셨겠지요

그 모과꽃이 얼마나 예쁜지
그러니 함부로 사람들을
외모로 판단할 일이 아닙니다

모과가 샛노란 옷을 입은 게 무슨 뜻인지
선한 향기로 가득 찬 사람 있으니까요

가을 연가

이길섭

따가운 햇살 눈치 보며
벼꽃이 빼꼼 고개 들면

바구니 꺼내 그늘에 말리고
수놓은 덮개도 다려놓지요

나팔꽃 열매 흩어져 구르면
차려입고 당신께 가려고요,

띄엄띄엄 국화 핀 산길을 따라
쌓아 놓은 그리움 꾹꾹 담아서

흘러가는 구름 바라보며
금잔디에 발 모으고 앉아

살가운 눈빛으로 조잘대야지요,
바람 부는 여름 지나온 이야기들

11월이 오면

이 달

그리운 청량리역으로 가야 한다

막차를 타고 가서
5번 플랫폼에서 기다리고 있는 당신을
덥석 끌어안고
따뜻한 온기를 느껴야 한다

가끔 들른다는 샌드위치 가게를 지나
허름한 칼국숫집에 마주 앉아
추위와 허기를 달래야 한다

인사동 찻집에서
커피와 책 한 권을 손에 꼭 쥐여주고
황급히 사라져 가 당신 뒤를 따라가야 한다

마지막으로 당신을 만나야 한다

가을, 단풍 장터

이동근

붉은 피돌기로 세차게 살아가는 나는

이 가을에
들끓는 심장을 주고
무엇을 받을까!

느티나무는 파란 몸을 내주고
황금색 옷을 받고
욕심 많은
단풍나무는
색색의 불꽃을 받고

단풍잎을 투과한 빛의 요정들이 나를 비춘다

나무 아래 서다

이동운

커다란 ○○나무 아래 서
당신하고 나하고

어느 나무 아래에서 관계 맺은 것을 보았는지 말해 보시오

유향나무 아래요
떡갈나무 아래요
아니
무화과나무 올리브나무 겨자나무 포도나무 버드나무 향백나무
솔잣나무 참나무 월계수 종려나무 상수리나무 고페르(gopher) 나무

그를 매달았던
나무 아래(Underwood)
그 아래 서서(Understand)
마침내 이해하다

그의 어머니는 내 어머니이며 모든 이의 어머니임을
내 입은 그렇지 못해도 내 영혼은 맑고 깨끗해질 수 있도록
마음속 생각이 드러날 것임을

자연의 철학

이명희

봄의 홑바지 자락은
겨울을 굽이굽이 건너온 흔적이 가득하다

차가운 산의 정신 속으로
카멜레온 몇 마리가 들락거린다

그 마음의 빛깔은 햇살의 움직임을 뒤따른다

새로 꾸는 꿈들이야 천차만별
그 안에 바람의 성품이 변덕스러운 기온 따라 지층을 새긴다

새겨져 가르치고
가르치고 새겨진다

여름에서 가을까지, 그리고 겨울까지

봄의 홑바지 자락은
그 뭔가의 흔적이 가득하다

애월(涯月)

이미령

오랜 기다림 끝
겨우 발끝 닿은 여기는,

목백일홍 붉은 귀 열어 파도 소리 모으는 곳
비취색 바다가 팔월의 태양 꿀꺽 삼키고도 모른 척 하는 곳
하늘을 차고 나온 노을이 만 개의 손 흔들며 반겨주는 곳

너는 바람을 빠져나온 코끼리 구름으로 왔다
너는 목 늘어난 야자수로 왔다
너는 빈둥거리는 초록 들판으로 왔다
너는 햇볕 속을 노니는 풀꽃으로 왔다
너는 곽지해수욕장 길 잃은 갈매기로 왔다

너는 한번 왔다가 다시는 돌아갈 줄 모르는
물가의 달로
영영 내게로 왔다

도라지꽃

이민자

한밤중에 꽃대를 밀고 꽃봉오리 부풀렸지

달빛 따라 오솔길 맴돌면
꽃대들이 수런거리지
그 소리 들으려고 몇 바퀴를 돌았어

풍선처럼 부풀어 오른 도라지꽃
철없는 손가락이 팡, 터트렸지
그 소리 신나는 화음으로 들렸어

끝내 꽃을 피우지 못한
도라지꽃은 내 손에서 사라졌지

벌들이 윙윙거리며
나리꽃 사이를 지나
원추리꽃 속으로 넘나들었어
나비는 날아와 향기만 맡고
도라지꽃이 피어 있는
산등성이 비탈밭으로 날아가 버렸지

꽃봉오리 또 부풀고 있어
흰 꽃 사이사이 보라 꽃 보라 꽃
뿌리내린 곳에 아버지가 계시지

섬초롱꽃 사랑

이보숙

수많은 꽃 중에 너는 초롱꽃이 되었구나
수많은 사람 중에 나는 내가 되었구나
수풀 속에서 봄 여름을 보내며
보랏빛 초롱으로 피어나 보랏빛 종소리를 울려
잠든 사람들의 영혼을 깨우는구나
언젠가 들은 교회당 종소리를 상기하며
두 손을 모두어 기도를 올린다
어여쁜 연인으로 만나 어여쁜 사랑을 나누다가
어느 날 헤어지게 된 아픈 사연,
너는 그 이야기에 슬픔을 어쩌지 못해
내게로 뎅그렁뎅그렁 소리를 보내오는구나
네가 달랑달랑 사랑한다고 편지를 보내오면
나는 네가 무척 보고 싶었다고 답을 보냈지,
가을이 오면 너와 내가 헤어져야 하지만
너는 나를 사랑한다고 편지를 쓰고
나도 너를 사랑한다고 답장을 보내고, 우리 외로워하지 말자
보랏빛 예쁜 사랑을 꽃망울 속에 남겨두고
새 봄 부활하는 날 다시 만나자고 예쁘게 웃자꾸나

은행나무 겨울 판화

이복희

구름을 빗질하던 은행나무 폭설에 갇혔다
얼어붙는 하늘에 판화를 새긴다

영국사를 병풍처럼 둘러싼 천태산
능선의 나뭇가지 파수병들
흰 눈을 덮어쓰고 승마 자세를 취한다

은행나무 밑동은 바람의 발원지
젖꼭지처럼 매달린 마른 은행알이
후드득후드득 바닥으로 떨어진다
어머니의 땅으로 되돌아가는 열매들

나무둥치를 휘감는 갈지 자 눈바람이
천년의 시간에
한 획 더 나이테를 긋는다

좀 더 빨리 새순 피워 올리라고
제 몸이 헐벗도록
겨울 햇살에 몸 비비는 천년의 은행나무

흰 눈밭의 정정한 몸체가
겨울 판화로 우뚝 서서
절간을 거느리고 마을 길을 두루 살핀다

씨앗

이비단모래

저 은행나무를 보라

씨앗 한 톨 떨어져
비 · 바람 · 세월 견뎌 우람해졌느니
천년 나이테 품고
묵묵하게 섰느니

마음 씨앗 한 톨
이 세상에서
나무 되어라
꽃 되어라
·
·
·
사람 되어라

완작

이사철

고라니 다녀간 텃밭에
아침 햇살 눈부시다
발자국 속으로
깊게 스민
그늘

가을에

　　　　　　　　　　　　　　　이상인

꽃무릇 꽃대가 하나둘 올라와
꽃을 피운다
문득 '피운다'를 '운다'로
고쳐 읽어본다

꽃이 울음일 때도 있을 거라고
붉게 울어대는 울음이라고
가을 속으로 먼저 떠나간
이들의 이름을 자꾸 더듬는다

시를 쓰는 것도
시집을 세상에 내놓는 일도
쓰르라미처럼 쓸쓸하게
울음 우는 일이라고
목울대 하나를 힘겹게 밀어 올려
붉게 울음 운다

가을로 들어간다는 것은

이서연

반복도 달라지면 변화로 성장하듯
계절도 쉼표 찍는 정거장이 필요하다
열정을 지불할 단풍
가까워진 자리에

시간을 묶어가며 세월을 쓸 수 없듯
인생에 마디에는 인연 없는 우연 없다
여분의 기억까지 모아
태워가며 사는 것뿐

빗방울처럼

이서은

너는 결코 작지 않다

강물이 되지 못하면 어때
느리지만 치열한 원형의 발자국을 남기고

모든 직선의 희망이 된다

처서 지나도

이석란

만나면 시절 이야기
열어둔 창문으로 들어차는 습기
발자국마다 찍히는 눅진함
한더위 흔적들 즐비하다

세일한 옷 사두고 선선하면
나들이할 생각
장롱 속에서 그날만 기다린다

둑 넘어 고추밭 고랑마다
붉게 가을은 익어가고
어머니 무덤에는 무성한 잡풀
고추잠자리 빙빙 돈다

호박잎 따서 올릴 식단 준비
단출한 밥상에 올라온 짭짤한 된장
찐 호박잎 소식이 없다

존귀한 그대들에게

이선정

산책길, 간밤 태풍이 솔잎을 가득 슬어놓고 간 자리
솔방울 하나 눈 부릅뜨고 죽어 있다
여기, 바로 이 자리에, 제 몸 겨우 부려놓고 가니
혹여라도 밟거나 걷어차지 말라는 거다
그 유언 받잡고 슬쩍 비켜간다

애썼다 그대!

비석

이선희

회원카드 신용카드 대출카드로
흥청망청 재미나게 살았다

어느 날 옐로카드 레드카드가
그를 낭떠러지로 밀어붙였다

이제 술과 꽃과 음식이 자동으로
배달되는 검은 카드 한 장 앞에 꽂았다

숨바꼭질

이숙희(울산)

청개구리 등에 실려
씨앗 나들이 간다
작고 연약한 제비꽃
잡초 속 잡초인 양 자라
노란색 보라색
한 줄기에 꽃을 피운다

청개구리 등에 실려
지렁이 피부에 달라 붙어
진딧물 잎사귀에 숨어서
여기 저기
유랑하는 제비꽃

책임져야 할 자식처럼
비 오기만 기다린다

나비 한 마리가

이숙희(전주)

M+* 옆 광장에는
바닷물 위를 물들이는 노을과
홍콩의 야경을 보려는 사람들이
바람과 음악과 여유와 함께 출렁인다

풀려난 자유를 누리려는 듯
스피커에서 흘러나오는 음률에 맞춰
리듬 타기 시작하는
네 살 어린 손녀의 훨훨 나는 춤사위

오른발을 툭 내딛더니
왼발 나가며 휘젓는 손
휘날리는 머리칼을 획획 젖히며
흔드는 엉덩이
허공에 찍는 저 어린것의 마음 무늬에
하늘 깊숙한 곳이 순간 들썩한다

당찬 눈빛
수줍은 미소가 어린 입술
땀에 젖는 머리칼을 획획 젖히며
흔드는 엉덩이
마음 무늬를 하늘에 띄울 줄 아는
저 발산의 은유가

접혀 있던 나의 마음결을 건드려

내가 살지 못한
살아보고 싶던
살아가야 할 세상을 펼치고 있다
뉴욕의 은행 시간에 맞춰져 있다는
홍콩의 불빛이 하나둘 켜지기 시작한다

*홍콩 서구룡지구의 복합문화시설 겸 갤러리 2021년 1월 오픈

잎들의 아침은 화병 속에서 걸어 나온다

이순주

맨 처음 고구마는 내가 읽을 수 없는 문장이었다
내게 무슨 할 말이 있는지
검은 비닐봉지 속에서 싹들은 고개를 내밀고

전언은
주둥이가 넓고 엉덩이는 큰 화병에 고구마를 넣고
물을 주는 데서부터 시작된다

하고 싶은 말 가슴에 묻고 오죽 답답했을까

화병의 심장이 된 고구마,
제 몸을 온전히 잎들에게 내어준다
화병의 날개 같은 잎들이 자란다

하트 모양 둥근 잎들이야말로 내게 하는
삶에 대한 근원적 질문

나는 화병과 뜻을 같이 하기로 한다

줄기들 창문을 붙잡고 기어오르는
저 날갯짓,

사는 일은 안간힘을 다해 비행을 꿈꾸는 일이 아닌가

산이 오고 있다

이순화

해를 앞세우고 산이 오고 있다

종갓집 들어서는 집안 어른같이
마을 인사 나서는 장년같이
차례상 앞으로 다가앉는 공손한 자손같이

높은 산이 오고 있다

한 사람 뒤에 한 사람 또 한 사람

층층 고조할아버지 증조할아버지 할아버지 아버지 그리고 끄트머리 내가
굽이굽이 둥근 능선을 그리며

수굿이 장엄하게
한 세계가 오고 있다

이글이글 타오르는 조선의 태양을 앞세우고
큰 사람이 오고 있다

우기

이승용

어둑한 하늘에 종일 비가 내린다
어제는 지루했고 오늘은 칙칙하다
귀 닫고 눈 닫으라 장대비조차 빗금을 친다
눅눅함을 지우려 반지하 불 뎁히고
더위에 더위를 더한 나날이
웅덩이에 주저앉은 한숨이
장마전선에 갇힌 기나긴 밤의 시작이었던가
손수건이 된 두 손의 길이었던가
낙하를 즐기는 유리창에 물방울은
다른 세상을 꿈꾸는 천 개의 눈동자
심심찮게 장대비가 내렸고
패인 바닥에 고여 있는 우울은
햇빛이 그리워
당신이 그리워
빗나간 일기예보에
우기는 늘 어긋난 길을 향해
서서히 서로를 우기며 닫혀갔다

그해 겨울, 은행나무

이승철

한때 그는 세상을 향해 하염없이
불타오르던 스무 살 꽃단풍이었다
그해 여름 푸르뎅뎅한 옛정을 못 잊어
젖은 낙엽으로 지상을 떠돌기도 했다
들새 울음만이 허허로이 깃든 벌판에
하나둘씩 곁가지를 죄다 떨궈버린 그는
눈보라 꽃들이 발목 지도록 흐느적댔다
취생몽사의 나날이 삶의 등짝을 후려친다
먼먼 객지를 헤매다가 되돌아온 사람아
너무나 오랫동안 이승을 떠돌아다녔구나
서산마루를 넘나들던 풀잎들 속삭임이
폐사지 위에서 혼숙을 거듭하고 있었다
허여멀쑥한 하루가 찬밥처럼 식어갔다
뻑뻑한 날숨이 나이테 위로 덧쌓이고
강파른 눈매와 등 굽은 한 자루 뼈로
망칠(望七)의 언덕이 마냥 시큰거렸다
조금만 더 버티면 견고한 시절이 간다

한 그루 경전으로 피어나다

이양희

묵언으로 지킨 말이 금빛으로 익어
한 그루 은행나무가 경전으로 피어날 때
말씀의 잔치는 시작된다
멀리서 가까이서 사람들은 돌아와
금빛 바람을 따라 춤추며
말씀을 듣고 말씀을 읽는다
빛바랜 것들을 금빛에 물들이며
말씀을 받고 말씀을 품는다

금니(金泥)은행나무경

묵언이 금빛으로 피어나는 계절이 오면
천년을 이어온 사람들은 오래된 경전으로 돌아와
다시 처음의 말을 얻는다
다시 세상의 말을 얻는다

길

이연순

몇 번만 지나가면

풀이 눕는다

제 몸이 밟히는 순간

길을 내는 건

참 쉽다

천연기념물 은행나무 책갈피

이영수

사이좋게 쭉 늘어선 우직한 은행나무 산길에
어느새 단풍 향 바람이 서서히 찾아들면
오랜 선물 간직한 흔적 발걸음 함께
희망 찾아 수줍은 첫인사 나누는 이방인들에게
아낌없이 맑은 공기 쏟아내 나눠주는 숲 천태산

건강하게 성장한 활기찬 나뭇가지 사이사이로 비치는
노르스름하게 연한 웃음으로 반갑게 맞이해주는 벗
누가 먼저 쳐다보면 콕 집어갈까 샛노래지는 은행잎
노릇노릇 타들어 가는 빛깔처럼 영혼을 물들이는 순간
우아한 자태로 투명한 금빛을 흩날리며 다가선 낙엽

있는 그대로 순수한 모습 깊게 새겨 간직하고픈 본능
미완성된 창작시집 한 장 넘길 때마다 이어지는 이야기
생생한 기록 작게나마 조용히 비밀스레 남겨 달라 조르듯
독특한 향기로 간질간질 바스락거리는 틈을 타 소곤소곤
행운 머금고 고귀함 잃지 않는 천연기념물 은행나무 책갈피

쇠별꽃

이영숙

풀숲이라
안 보여서 몰랐네

눈을 아래로 두면
웃을 일 많다는 걸

자그마한 그 몸에도
별품은 여름 바다
잘바당거린다는 걸

내가 작아서
놓쳐버린 행성들

지나온 길마다 있었지

둠벙 파놓자 개구리 뛰어든다

이영신

떡개구리 한 마리가 연잎 문 위에 달랑 올라앉아
동네 구경을 하고 있네
떡개구리 이 산중에 이사와 인사떡을 돌리고 싶어지네
붉은 팥고물 듬뿍 얹어 방금 쪄낸
김이 모락모락 나는
팥시루떡을 한 접시씩 돌리고 싶어지네
하늘타리네도 한 접시, 족두리네도
살구네도 한 접시,
엊그제 칡덩굴 아래에 두렵게 허물을 벗어 놓은
누룩뱀에게는 줄까 말까
아직 맘을 못 잡았네
식구 많은 박새네는 시루째 다 주고 싶어지네
애기 다람쥐도 빠트리면 섭섭하겠네

마음만 그득
눈알을 이리저리 크게 굴려보며 긴 다리 쭈욱 뻗어보며
새로 이사 온 둠벙으로 신바람 나서 첨벙
뛰어드네 뛰어드네

폭염 속에서

이영자

젖어 있는 바닥에
미끄러져
깁스를 해보니 알겠다
누구나 장애인이 될 수도
있다는 것을

사상 최대의
폭염과 불경기가
가슴을 짓누르지만
어디서든 한 박자
늦추어야 한다는 것을

시멘트 보도블록 틈새
잡초 속에 핀 노란 꽃망울이
날 반겨주는데…

불볕더위를 이겨낸
마당의 청사과와 단감은
가지가 휘도록
익어만 간다

가족사진

이영철

표정이 다른
네 명의 여자아이와
수줍어하는 남자아이 한 명
구김 없는 정겨움

추석이었나 보다
색동저고리에 치마 입었네
추억 담는 꽃마차 리어카 위

어느덧
시간이 흘러

그리움 속으로
풍덩

성불 한 채

이영춘

신이 가장 잘 알아듣는 말은
침묵이라고 했던가
아파트 창 틈새로 소나무 한 그루
미동도 없이 서 있다
저 거룩한 침묵,
하늘도 숨죽여 발을 멈추고
흘러가는 구름도 그의 어깨에 눌려
가만가만 발걸음 놓는다
지상의 모든 울음소리 한 몸으로 안고
고요, 고요로만 서 있는 저 깊은 숨소리,
성불의 불꽃,
원(圓),원(圓),원(圓)이다

뮤즈

이우디

너의 등을 다시 보고 싶지 않다
지나간 사랑은 거품이 반
아무 말 듣지 못하기에
돌아와 다시 너라도 돌아가지 못하기에
이미 늦은 사랑
그렇게 된 거라서
아무것도 아닌 게 된 거라서

너의 얼굴 아무렇지 않게 없다
어쩌다 그리움은 척이 반
그래 널 잡지 못하기에
어제 다시 온다는 말 꿈이 되지 못하기에
이미 거둔 시선
그렇게 된 거라서
아무것도 아닌 게 된 거라서

달빛 따라나선 거리에 서면
기억 바람 불어와
정겨운 향기 봄비는 허공 흘러내려도
더할 나위 없이 붉은 별빛 흩어 날려도

새
―격외론 7

이원규

저 하늘의 새는 아무 데나 앉지 않는다
출렁, 제 몸무게를 받아줄지 썩은 가지인지

이따금 나뭇가지에 앉아도 꼭
사냥총에 맞아 죽기 좋은 자세로 앉는 새가 있다

당신 뜻대로 하소서, 나 또한 그런 새였다

배나무

이 잠

가지 치다 말고 달려가 두엄 내다 말고 달려가 엎드려
용서라는 말을 굴렸다
녹지 않는 알사탕 닳고 닳아 한순간 감쪽같이
사라지기를 기다렸지

한밤중에 배나무 밑에서 관절 꺾는 소리 들었다
어디쯤에서 끝장을 내야 할지
팝핑캔디 타다닥 터지는 화통 터지는

달궈진 돌멩이를 말아쥔 손아귀 순순히 풀어지기까지
아직은 좀 더 빌어먹을 시간이 필요하겠다는 생각
캄캄한 동굴에서 혀를 굴렸다

처음과 끝을 얼음 속에 파묻었다

굽은 길

이재무

오늘은 교외에 나가 굽은 길을 걸어야겠다
서울은 온통 반듯한 것들뿐이구나
반듯한 길을 네모 난 차들이 빠르게 달리고
사람들도 질세라 앞만 보고 빠르게 걷는구나
걸으면서 뉴스를 검색하고
걸으면서 카톡 문자를 주고받고
걸으면서 전화를 받고 거는구나
도심의 건물들도 반듯하고, 간판들도 반듯하고,
길가 나무들도 수직이고, 하천도
직선으로 흐르는 서울은 한눈을 팔기 어렵구나
오늘은 답답한 서울을 벗고
시원하게 시골로 갈아입은 채
시간을 흘리며 걸어야겠다
구부러진 길을 걸으며 풀꽃도 들여다보고
새소리도 귀에 담으면서 반듯하게 걷느라
굽어진 마음을 반듯하게 펴야겠다

부처님을 보았다

이정표

주차사(駐車寺)
아스콘 바닥을 뚫고 꽃대가 올라왔다
다섯 개의 노오란 꽃술이 달린 작은 몸
오고 가는 바퀴에 생사가 달려서일까
눈치 보느라 비틀어진 줄기세포가
자동차 경적이 울릴 때마다
바르르 몸서릴 친다
나 여기 있어! 얼굴 내민
저 꽃 보살 어디서 생겨났을까
사바의 틈 속에 낀 무모한 생명에게
덧없는 예를 갖추어 본다
나무 관세음보살

이팝나무

이주언

환한 웃음으로
손님을 맞는 영정 사진

찰칵, 하던 순간이 전 생애를 대신하며 오래 마지막 인사를 하고 있다

포연을 뚫으며 남쪽으로 이고 왔을 쌀자루의 무게와

아이를 업고 밥상 나르던 허리의 통증은 눈가 주름 속에 접어두고 이팝꽃 환한 치아를 드러내며 웃고 있다

천태산 은행나무

이주영

여기
당신의 발자국 소리에
마음을 여는 천년 보살이 있습니다

생의 고락이 난무했던 긴 세월
둥글게 마름질하며
천년을 버텼습니다

때로는 삶이 소리내어 울어도
세상에 온 이유를 알기에
아득한 태고의 숨결을 불러와
당신을 마주합니다

천태산 정기 받아
하늘을 품고 고향을 보듬어 천년
당신을 만나기 위해
천만 개 샛노란 화등 걸어두고
다시 천년을 살겠습니다

오셔요
여기
두 손 모은 당신의 합장에
마음을 여는 천년 보살이 있습니다

조막손이 제비꽃

이주희

꽃바람 부는 삼짇날
자수정 반지 물고 오마하더니
드디어 왔네
황사 속 꽃대궁 올리며 발돋움해도
이팝꽃 때죽꽃 웃는 봄이 끝나도록
올 기미가 없었네
꾀꼬리 우는 단오
견우직녀 만나는 칠석
무더위 이기고 억수장마 버텨도
보이지 않았네
명지 바람에 휘파람 불고
먼지잼으로 칼칼한 목을 축이며 맞은
한가위에도 연가는 들리지 않았네
강남으로 떠난다는 구진날 지나
꾀꼬리단풍 자랑하던 나무들 막새바람에
겨우살이 준비로 이파리 떨궈도
발그림자조차 없었네
반지 약속 실오리 되도록 매달렸더니
된바람 눈보라 뚫고 날아왔네

라일락

이진주

겨울을 건너온 사람들
발은 거칠어져 있었다
고비 사막을 가로질러 온
낙타의 발바닥이다
모래바람을 가르고 걸어온
낙타의 발을 꽃잎이
스르륵 날아와 감싸준다

은행잎 단풍 들겠네

이채윤

노랑 한복을 차르라니 깔아 놓은
은행나무 아래 걷는 발걸음에
걸음걸음마다 노랑물 들겠네

늦게 온 가을아,
너도 천태산 은행나무 아래
놀러와 물들어 보겠나

늦은 안부

           이현실

인사동 흑백사진 갤러리
우직한 황소를 만났다

먼 산등성이
느릿느릿 흘러가는 뭉게구름 배경으로
묵묵히 쟁기 끄는 소 한 마리

묵정 밭 워낭 소리 짤랑짤랑 들려오는데

멍에 지고
먼 길 굽이굽이 걸어온 도시의 소 한 마리
오늘도 한 그릇 밥을 위해
발굽이 다 닳도록
도시의 숲 헤치며 여기까지 왔다

그동안 일궈 놓은 밭은 얼마나 되느냐
지고 온 짐 부릴 데는 있느냐고
배경 한 점 없는 그림 앞에서
나는 나에게 늦은 안부를 묻는다

아버지의 입춘

이현온

깨끗한 옷차림으로
단장하고

벼루에 먹을 갈아
입춘방을 쓰면

어느새 방안 가득
웃음꽃이 핀다

동네 사람들 손에 들려
집집마다 대문에 붙여지고

평안을 기대하며
봄을 맞이하네

고목

이현지

달빛 아래서 울고 있는 나무여
하늘로 돌아가는 나무여
가는 길이 힘들어도 웃고 있으면
나는 그것으로 족하리라
하얀 이별로 잘 이별하고 싶기에
너를 빛나는 별로 새겨두리라

하얀 박꽃이 필 때쯤
가는 길 배웅하리라
내 나무여, 벌거벗은 나무여
나는 그것으로 족하리라
적막한 발길 닿는 대로 걸으며 부르니
너의 이름을 품고 새겨보리라

찬비가 달빛에 매달려 울지만
하늘로 돌아가는 나무여

황홀한 등줄기

이현협

아름드리 송진 냄새를 흠모하던 이파리였지
가름끈을 잃은 노송의 페이지처럼 흔들렸지
가벼운 농담처럼 황홀한 등줄기를 침범했지
수심(樹心)을 지나 혼절한 수피 울지 않았지
시퍼렇게 달려든 염탐꾼 온몸으로 품었지
시위잠 든 나이테 한동안 꿈틀거렸지

뫼비우스의 띠

이현희

순환(巡還)의 역사에 서 있는 은행나무에서
아이가 떨어져 뒹굴다 밟혀 으깨어지자
엄마는 바람 불러 와 팔들을 마구 흔든다

우수수 내려앉은 이파리들 이불이 되어
아이의 상처를 감싸고 구린내를 덮는다

아이는 엄마의 빛바랜 옷으로 이불 덮고
그런 엄마가 되려는 찬란한 꿈을 꾼다

꼬부랑 엄마가 은행알들을 주워 모아서
아픈 자식을 기어이 살려냈다는 소문이
온 마을에 파다하게 퍼졌다.

어머니라는 이름의…

새들은 머문 자리를 기억하지 않는다

이화인

작은 입으로 폭포수를 쏟아내도
입술은 젖지 않고

불 화산의 격렬한 화염을 토해내도
입술은 타지 않는다

한평생 애지중지 모아 놓은 재물도
눈감으면 티끌에 불과하고

하늘만큼 올려놓은 권세와 지위도
갈바람에 뒹구는 낙엽이다

지는 꽃은 훗날을 기약하지 않고
새들은 머문 자리를 기억하지 않는다

배롱나무 혀끝

임미리

기억을 지운 폐선로 위를 걷는다
한때는 석탄을 실어 날랐던 선로
이제는 세월을 뒤척이는 바람개비뿐
길 건너 붉어진 배롱나무
돌고 싶은 바람개비의 소원을 훔쳤을까
뒤안길에서 닫혀버린 문 열어
스민 볕에 물오른 염원이 돋아난다
배롱나무 혀끝에서 톡톡 꽃잎이 벙근다
증발한 것들의 녹록함을 안다는 듯
그 길 부끄럽게 어루만져 말랑거린다
멀어져 가는 위로 몇 잎을 핥는다
붉은 꽃잎 나비처럼 날아오른다

박물관에서

임술랑

아 어쩌면,
엄마 밥집에서
밥 한 그릇 앞에 놓고
그 연로하신 모친을 보며,
모든 것의 실패는 늙음이다
라고 생각했는데,
저 박물관
정지(停止) 자세의 박제(剝製)를 보고
오랜 빗돌의 글자를 보고
어쩌면
늙음이
우리들의 최종 목표
박물관은
엄마의 밥집

감자꽃

                                        임영임

캠핑장 가는 길
주말마다 지나다녔던 논둑 너머
우연히 고개 내민 하얀 꽃과 내 눈 마주쳤다

그저 풀밭이려니 들풀이려니
쑥쑥 자라있었거나 텅 비어 있었거나
눈길 한번 건넬 줄 몰랐다

미안한 마음에 이름을 묻는다
내가 좋아하는 덩이줄기 작물의 얼굴이었다니
이렇게 화사한 꽃이 감자꽃일 줄이야
세상사에 무심했음을 일깨워준다
반생을 넘었어도 새삼 알아가야 할 것들
배워야 할 것, 익혀야 할 것 넘 많았네

이름 모를 꽃으로가 아닌
불리워질 이름이 있는 꽃이 되자

이 뭐꼬!

임태린

누구의 장난인가
끌려도 가 보고 휘둘려도 보고

때로는 허허벌판에
때로는 무인도에

먼길 돌고 돌아 정신을 차리고 보니
자연에서 가슴에서 주는 속삭임

이래도 한세상 저래도 한세상
인생 별거 없다 인생 짧다

꽃무릇

장광순

짙붉은 꽃 한 송이 피우기까지
차곡차곡 쌓인 무수한 사연
돌돌 말아 올린 꽃술 속에
고이 숨겨 두고

무정한 임 떠나간 자리
핏빛으로 색칠하며
가을을 무르익게 하는 그대

사무치게 그리운 임은 없어도
사시사철 푸른 소나무
굽이굽이 피어난 구절초
친구 삼아 하늘하늘 춤추는 그대

그대는 한 마리 새빨간 나비로구나

장도리

장민규

세상 모든 이론의 집약체
원론과 반론을 한 몸뚱이에 부착한 자웅 동체
언제든지 박거나 뽑을 수 있다
어느 걸 택하든 당신이 맞다
행하지 않으면 당신은 쇠뭉치

발자국

장세현

엊그제 마악 피던 꽃,
하마 발밑엔 낙엽이다
어지럽게 찍힌 가을의 발자국
그 발자국 따라
너와 나의 시간도 저물고
아까운 생애만 빠르게 녹아가는
이별이 서러워지는 계절
차라리 울어도 좋을
침묵의 언어로 탐색한다
묘연한 발자국만 남기고
증발한 시간들
찾지 마, 그래서 아름답잖아

뉘엿뉘엿

장지성

오늘도 어제처럼
아침을 맞습니다

품 안에 지닌 밀지(密旨)
여직도 못 전하고

포위망
일월에 갇혀
또 석양을 봅니다

산다는 것은

장학규

세월에 요리되려고 태어났다

도마에 올려진 줄 모르고
성깔을 꼬리처럼 키워서
생물의 섭리대로 휘젓다가
칼바람에 만신창이 된 채 열반한다

산다는 것은 사막의 균열처럼
억겁의 시련과 맞서면서
긁히고 갈리는 싸움이다

지는 게임이어도
물러설 길은 없고
마냥 밀리면서도 다툴 수밖에 없다

그렇게 사는 거다
산다는 것은

앞니

장현숙

어항에 수초 씨앗을 뿌렸다
수초가 연약한 다리로
비틀거리며 막 일어서고 있다
소일을 꽉 잡고 조금씩 일어서더니 우뚝 선다
땅을 힘껏 딛고 발돋움하고 있다
밤새 뿌리내리려고 얼마나 발버둥 쳤는지
벽면에 하얗게 김이 서렸다
길쭉하게 뻗어 나와 둥근 잎 두 개를 뱉어냈다
톱니처럼 뾰족뾰족 파랗다
보드라운 연두색 솜털이 보송보송하다
간지러운지 가느다란 줄기가 바르르 떨고 있다
조심스레 물을 부어 주었다
숨들이 마시는 소리
고 작은 앞니로
잘근잘근 물 씹어 삼키는 소리
공기도 와삭 깨물어 먹는 소리
어항 등을 켜주었다
환하게 웃는 앞니 두 개

밀대 방석

전경옥

무더위에 땀방울이 송글송글
한여름 밤
마당에 밀대 방석 길게 펴고
모기 쫓느라 피운 쑥대 연기
머리 풀고 피어오르면
매캐한 기운에 눈물 찔끔거렸지

은행나무 아래
온 가족이 둘러앉아
토끼 귀 쫑긋 세우고
연속 방송극 들으며
밤이 깊어 가는 줄 몰랐지

천태산 은행나무

전선자

당신의 정갈함과 고결함을 어떻게 그릴까
품을 것 다 품어주고
보낼 때는 휘이휘이 손 저어 보내는
가슴 넓은 노모와 같은,
현명한 스승과도 같은
우러르고 우러러도 100년이 하루 같은 눈길
지긋하게 서 있는 나무
저 나무,

연두색으로 움트는 봄날에도
진초록으로 나부끼던 유월에도
샛노란 잎사귀를 기억으로 섰는 쓸쓸한 하늘 아래서도
아예 다 보내고 맨손과 맨손으로 우뚝 서 있을 때도
인생 100년을 잘 살아온 어느 철학자처럼
기품이 있는 저 은행나무가 나는 좋다
사시사철 아름다운 은행나무
천태산 영국사 은행나무

보시(布施)

전 숙

밤껍질을 벗기니
애벌레가
젖 같은 단맛을 흠뻑 빨아먹고
엎드려 졸고 있다
애벌레에게 미운 마음을 돌리려는데
바닥까지 빨린 젖무덤 같은
씁쓸한 밤이
나를 쏘아본다
일 년의 농사를 보시하는데
애벌레나
내 식탐이나
차별하지 않겠다는
단호한 눈빛이었다

초록을 불러오려고

정가일

인조 잔디를 걷어내는 사람은 분명 어린이집 원장 부부다
초록을 불러오려고
수국 가지를 하나씩 사들이더니
이름도 알 수 없는 꽃과 나무까지 들이고 있다

조금씩 초록으로 물들어가는 마당
아직은 마른 땅이 더 많은 저곳에
분명한 것은 참새처럼 아이들이 재잘거리고
담장 너머로 고개를 빼물고 보았던 기억이 콩콩콩 마른 땅 위를 남아 있는데
저만치 새털구름이 아이들의 웃음을 물고 달아난다

메마른 뙤약볕 아래
조금은 늙어 보이는 원장 부부가 초록을 불러오려고
어린 생명이 쓰러질세라 지지대를 세우고, 땀을 닦고, 오늘도 돌아오지 않는 아이들을 생각하면서
허리를 폈다 구부렸다
반복한다

초록은 언제 오려나
아이들의 소리는 언제 들려오려나

바람받이에 서 있는 머귀나무

정대호

제주도 조천읍 북촌리 해동마을에 가면
바람이 많이 부는 둔덕에
머귀나무 한 그루 서 있다
바람에 맞서 허리는 앞으로 굽히고
머리도 앞으로 밀고
옷자락, 머리카락 뒤로 날리며 서 있다

눈보라 몰아치는
겨울 바다에 나가서
전복이나 해삼 그리고 미역 같은 해초를
가득 담은 망태기를 등에 지고
바람을 뚫고 집으로 돌아가는 어느 해녀 모습 같기도 하고
피바람이 심하게 불던 때에는
아이를 등에 업고 피바람을 뚫고 모질게 살아왔던
제주도의 그 흔한 어느 아낙 같기도 하고

바람이 거세면 그것을 뚫어 살아보려고
발가락에 힘을 주다 보니 어느새 하늘을 날고 싶어
바람 없는 하늘을 날으려는 어느 새 같기도 하고
바람을 벗어나는 새가 되려 땅 위 발끝에 힘을 주어도
발은 땅을 떠나지 못해
엉거주춤 발목 잡힌
제주의 바닷가를 구체없이 살아가는 어느 아낙 같기도 하고

그렇게 살다 보니 세월이 많이 흘러

이제 바람 없는 날에도
바람 속에 서 있는 것 같아
허리는 굽어 바로 설 수 없는 제주도 여느 할망 같기도 하다

보리수나무 아래에서

정동수

그대가 주관했던 기쁨의 사원으로 권태에 꼭지가 시든
빛의 낙엽이 쌓입니다

슬픔의 표적이 되었던 사랑이 지면 두 귀가 닫히는 시간이어서 이윽고
고요해지기도 하겠지요

바람은 바람

정든역

흰제비꽃이 피어났다
바람에 휩쓸려 사방으로
널려 있다
20여 년 불던 흰제비
바람의 색깔도 달랐다

힘이 빠진 무성한 가지가지
다 잘라내고
먼지 바람 휘감아 훨훨 날아갔으면

바람은 바람이다
꽃은 꽃이다
소나무 가지가지
무성하게 불던 바람이
하나둘씩 뽑히고 고인
웅덩이서 헤어나지 못하더니

바람은 바람
고목에 가지가지 부는 바람에
걸터앉았네

봄날 그 감나무

정미숙

연초록빛 풍선 툭 터져
푸른 물 쏟을 것 같은 긴장감으로
가르마 탄 채소밭 둔덕을 본다

나무 중 가장 늦게 잎사귀 내민 감나무
어미 자궁에서 막 나온 강아지 새끼처럼
눈뜨지 못한 채 꼬불꼬불 겹쳐져
비릿한 잎새를 내민다

각질 굳어져 검고 축축한 나무 한 그루에서
이렇게 많은 잎사귀가 숨어 있었다니
내가 떠나온 근원이 너였구나
어서 불길 만나러 가자

꽃길

정바름

삼성초등학교 낮은 울타리에
한 무리 참새가 내려앉았다
영산홍 고운 꽃더미를 헤집어
작은 벌레를 쪼아댄다

꽃과 꽃 사이에는 향기가 있다
향기가 있는 곳엔 죽음이 있다

한 치 앞을 알지 못하는 벌레처럼
죽음이 도사리는 꽃길을 간다

목숨이 지나는 길은 향기롭다

상사화

정서영

엄마는 어딨나요?

두리번두리번, 그리움이 키운 목줄기

목마름에 붉게 터진 입술

저물도록 불러도 대답 없는데

천사 보육원 정원에 발 묻고 선 아이

하염없는 기다림이 뜨겁네

불 꺼진 우체통

정선희

당신이 떠난 후
궁금함은 저의 몫이 되었습니다

왜 소식을 끊었는지
묻지도 않은 질문에
수없이 많은 대답을 준비했습니다

밀물 때 쓸려내려가 버리는 모래성 같은 대답

천리향 편에 안부를 묻기도
능소화가 목이 길어진 소식을 전하기도 하다가
마침내 불 꺼진 우체통이 되었습니다

당신에게 가려고 할 때마다
빚쟁이처럼 찾아오는 아버지

저쪽에 가서 모른 척 하면 어쩌나?

나는 해마다 객식구를 들이는 능소화처럼
새로운 변명을 만들고 있습니다

경계

정수월

꽃잎이 쪽정이처럼 내 눈썹을 스친다 웅덩이에 물결이 인다 툭툭 입 벌린 모습으로 이파리 빙빙 돌며 떨어진다 생명이 꺼져가는 걸까 불꽃을 지피는 걸까 영원과 순간의 경계에 내가 서 있다 결정적인 순간이다 순간을 위해 경계선 너머로 몸을 던졌던 그날이 떠오른다 아직 눈썹이 기억하고 있는 간헐적인 외침이 들리는 듯하다

천태산 은행나무의 첫사랑

정 숙

어쩌다 잠깐 이슬에 몸 적시던
산목련 꽃봉오리의 눈빛과 마주치더니
첫사랑이자
마지막 사랑이라며

여직 기다리고 있는가

난 이미 하산하여 앵두가 흘리는 전류
그 빨간 떨림의 고압선에
감전되어
푹 물들여져, 같이 몸 떨어줄 힘도 없는데

푸름 곁

정숙자

어떻게 해야 늘 그들이 될 수 있을까

바람 지나갈 때 침묵을 섞어 보낼 수 있을까

마음 걸림
들키지 않고
조용히 몇 잎 흔들며
서 있을 수 있을까

바위 햇살 개미 멧새들… 사이
천천히, 느긋이 타오를 수 있을까

베이더라도 고요히 수평으로 쓰러질 수 있을까

구름 속으로
손 뻗으며
느리게, 느리게 바다로— 깊이로만 울 수 있을까

매콤한 자연의 소리

정안덕

칠 년 만에 세상 구경 나왔다고
매미가 한 자락 노래를 깔고

창가에 걸린 바람 매콤해
호흡이 거칠어지네요

당신의 마음을 듣고 싶어요

잠깐만 삶을 포기할 수 있다면
인생 브레이크는 잡히지 않아도 좋아요

심장은 정상인가요
생각이 몸보다 앞서 걸어가요

강물이 흘러간 빈자리에
또 다른 강물이 넘실거리지요

수레바퀴의 신음 소리 석양을 달리지만
해파랑길 멜로디는 달빛 사랑처럼 아름다워요

늙기 서러워 주름을 깎아 내지만
뼛속 나이테는 알고 있겠지요

늙은 은행나무의 방

정영주

오래된 페인트가 벗겨진 것처럼
늙은 은행나무 몸통이 각질투성이다
허물 벗겨진 시간이 빗속에 엉켜 있다
혼자 스며들 골방 하나 얻을까 산에 든 것인데
늙은 은행의 방,

숭숭 뚫린 구멍마다 노랗게 물이 차 있다
햇빛 가득할 땐 청정한 방이어서
방 하나 세내어 환한 그늘에 들 수 있었다
늑골에 감추고 다니던 적막 하나 꺼내어
황금가지에 슬쩍 걸어 두어도 모른 체하니 좋았다
오늘은 은행의 고독이 물속에 잠겨
들어설 길이 신화처럼 멀고 아득하다
빗소리 점점 장엄해지고 물소리가 남기는 그림자를
숲이 받아내 하늘로 토하고 있다
은행의 등에 눈빛 부리고
노란 이끼의 시간 몇 잎 뜯어낸다
손바닥에 내려앉는 흥건한 빗물,
그 속에 천년 혼돈이 흐른다

대청호 찔레꽃

정원도

대청호 찔레꽃은 하도 눈물이 많아서

비스듬히 누운 꽃 그림자가

호수 밑바닥까지 몸을 흔들며 걸어 들어가는 정오

풀빛마저 그렁그렁 그리움 깊디깊어

까마득하던 호숫가 긴 가뭄에 큰물 빠지니

초원에 남은 빈 배, 숨 가쁘던 그림자는 다 어디 가고

마른 뻘밭 자욱이 아련한 풀향기 멀고 머네

나의 고향

정의숙

긴 세월 버팀목으로
서 있던 뒷동산 소나무 한 그루
갈 길 바쁜 일손들 머무는 자리
그늘 아래 쏟아내는 정이 흐른다

보리수 열매 따던
허물없던 친구들
보이지 않고 회색 벽만
어린 추억 가리고 서 있다

달구지 끌던 아버지 뒷모습
추억으로 서리고
어린 시절 고스란히 묻어 있는
옛길,
회색빛 따라 세월은 달리고 있다

벗은 나무

정이랑

"벗어 봐요"
지나가는 나에게 속삭이던 너,
못 들은 척 했었지
겹겹이 입고 있다가
때가 되면 벗을 줄 아는 너,
맨몸이 하나도 부끄럽지 않는구나
허공을 떠받치고 있는 가지들이 눈부시구나
몇 날 며칠을 혼자 서 있어야
껴입은 욕심을 버릴 수 있겠니,
모든 걸 떨쳐버리고
오롯이 바람 한 점만 걸칠 수 있겠니,
이 시간 이후부터 나의 자화상을
너로 삼기로 했다

층계

정정례

사방에서 모여드는 개울물 소리가
강물의 부른 배를 채우고 있다
채워도 채워지지 않는 저 허기의 얼굴 위로
쏟아지는 햇빛
물 위에 반짝이는 수많은 파편들

물속으로, 물속으로 점점 깊이 걸어가는
산봉우리들 위로
구름 그 위로
물새들이 한가로이 떠 있다
울림이 층계를 이루며 깊어간다

물오리 한 마리가 그 밑을 들여다본다
저 깊은 곳 어디 발 디딜 곳 찾아서

사랑 아니어도

정하해

우리가 사랑 아니어도
서러운 것과
그리운 것에, 일생이 지나가고
사무친 것들은 별처럼 오고 갔다
너를 바라보는 하루가
사랑 아니어도 백 년은 갈 것 같다

고목

조경순

천년을
압축시킨
생의 마디 닦아내며

생불의
등뼈 속에
새겨 넣은 여래 말씀

어스름
생의 뒤쪽에
적막 하나 서 있다

바로 너다

조국성

장마가 끝날 무렵
들판에 나가보면 알 수 있다

평소 푸대접만 받던 잡초가
연약한 실뿌리로
옥토를 지키고 있다는 걸

누가 보잘것없는 잡초라
함부로 뽑아 없애랴

오직 공생만이 살길이라고
뿌리가 드러나도록
터전을 붙잡고 버티는데

내 삶의 터전을 지키는 이는
별 볼 일 없는 바로 너다

에이아이 은행나무

조대환

요것들아,

너희들 것이 아니야

아가들 것이야!

잘 써

장터 할매

조석구

찌끄레기 묻은 건 쓰레기데이
재활용 안된데이

장꾼 떠난 구지장터
딩굴던 용기 주워 모아
늘 씻던 그 할매

오늘은
유가사 대웅전에 엎드렸다
흘러내린 땀으로 좌복이 축축하다
마음까지 닦고 있다

만항재를 지나며

조성범

굽이굽이 돌아가는 고갯길은
취한 아낙의 걸음처럼 비틀거렸다

구름은 바위 위에 조용히 눕고
빗방울이 나무 사이로 떨어질 때,
젖은 도로 위에 잿빛 흔적을 남기며 고갯길을 오른다

길가 들꽃들은 조용히 피어났다
돌 사이 작은 섬처럼 흰색과 보라색 점들이
풀숲과 바위틈을 가득 채운다

여름의 끝자락에서
바람의 소리는 거센 떨림 속에
시간을 쪼개며 지나가도
계절의 약속은 여전히 남아 있다

천년의 말씀

조숙제

인간사 살림살이는 거창한 것 같아도
단단한 외로움에 갇힌 속 빈 허울뿐이다

사람도 분별과 욕심만 버리면
자연의 한줄기

이렇듯, 자연의 이치는 모두가 묵직한
침묵의 뿌리로 외로움을 건넌다

지독한 외로움도 잘만 싹 틔우면
순간 세상은 온통 축복의 바다
이것이 교과서처럼 펼쳐진 곳이 자연

그들과의 대화는
진흙을 벗어난 연꽃

영원한 스승인 이유다

만개

조영행

꽃을 찍는다 만 잎의

경전 필사

바닥을 찍어야 정점도 찍을 수 있다는

화엄만개(華嚴滿開)

밀었다 당겼다 조리개를 조율하는

바닥 인화 산벚나무반가사유상

나는 찍는다

찰칵찰칵 터지는 정점의 셔터 소리

파먹다

조재도

우린 어머니를 파먹었다
우린 둥근 수박을 파먹었다
달걀을 삶아 껍질 벗겨 먹고
문명의 골통을 파먹었다
둥근 것들을 그렇게 파먹었다
아그작 아그작
여름이면 선풍기도 파먹고
지구도 물론 무작정 파먹었다
이제 우리 심장도 눈물도 파먹을 거다

나무 도서관

조정숙

나무들의 책이
여기저기 꽂혀 있어요
봄처럼 신작도 도착했어요
새가 열람석을 차지하고
내가 한 걸음 다가가자
침묵하던 책들이 눈을 떠요
햇볕은 때죽나무 종꽃을 울리고
바람은 아카시아 향기를 뿌려요
다람쥐가 참나무 꼭대기에 올라 책을 꺼내요
책 속에 도토리 이야기가 맛있나 봐요
서어나무를 대출한 고라니는 서서 책을 보네요
나도 그 앞에서 한 장 한 장 넘겨봐요
입술에 닿는 솔내음이 시가 되고
페이지마다 달, 별, 바람, 비 꽃의 언어를 포옹하네요
시간에 발효한 자리마다 피어나는 문장들
푸르게 푸르게 돋아나요
발이 움직일 때마다 꿈을 키워요
나는 공벌레같이 쪼그려 앉아
서가에 꽂혀 있는 나무들처럼 계절을 읽어요
풍경을 어루만지는 바람의 노래가 들려요
빛을 끌어당긴 뿌리는 길을 열어요

고라니

조하은

새끼를 놓쳤는가
밤새워 들리는 고라니 울음소리

술 한 잔 드시면 부르던 노래가
아버지의 울음이었다는 것을
숨죽여 우는 법을 배워버린 후에야 알았다

새들이 날아가던 길을 멍하니 바라보다
허물어진 마음을 쓰다듬는 밤
오늘은 고라니가 되어 왁왁 울어본다

울지도 못하던 아버지의 울음소리가
비처럼 내렸다

단기 알바

주석희

―손주가 손 손주를 데리고 오면 자장면 시켜줘
―이거 해서 윤달에 내 수의도 만들어놨어
―해가 저 산으로 넘어가면 이만 원 벌어

팔순 노인들이 마른 고추를 다듬는다
여름부터 가을까지 한 근에 삼백 원
꼭지는 따고 상한 것은 버리고

매미가 숨넘어가게 울어대는 길거리 슈퍼
C자로 몸을 말고 선풍기는 농담처럼 돌고
바짝 마른 손이 바짝 마른 고추를 다듬는다

어떤 봄은 계단을 올라온다

주선미

한겨울 옥상에서 얼었다 녹았다
근육질이 된 명태
잿빛 꼬리지느러미로 허공을 헤엄친다
파도에 코를 박고
오호츠크해를 건너던 시간을 곱씹으며
저기까지만, 저기까지만,
마침내 도착한 작은 옥상에서
눈보라, 칼바람, 얼어붙은 햇살들 마음대로 드나드는
겨울을 견딘다
한동안 마음을 앓았으나
지느러미 빳빳하게 세워 겨울과 맞선다
뒤집기 한 판
순간, 허공을 튀어 올랐을 때
이미 세상은 봄 아닌 것이 없어
공연히 눈물겨운데

옥상 계단을 올라오는 낡은 신발이 있다

바위

주해봉

오히려 괴상스러운 몸체가 인기다
억겁의 세월만을 지켜온 옹고집
그 집요함이 손짓했을까
그 듬직함에 반했을까
미인송이 다가와 치근거리고
진달래가 몸을 비비며 추파 던진다

춘하추동 풍찬노숙 밥 먹듯 하지만
투정도 원망도 없다
삼복염천 땡볕 지져대고
동지섣달 설한풍 뼛속 찔러도
초지일관 침묵으로 웃어 넘긴다

이제 다시 억겁의 세월 흐른다 한들
저 모습 저 뚝심 지워질까
한낮의 해님도 밤하늘의 달님도
고객 끄덕이며 웃음 흘린다

착각

지성찬

무성한 잎을 보고
잘 자라는 줄 알았지
추수 때에 거둬보니
쭉정이뿐이더라
화려한
인생이란 게
이럴 수도 있겠다

기도

진영대

천년 은행나무 아래 촛불이 꺼진 자리에
작은 탑이 새로 생겼다

불이 꺼지고 촛농으로 쌓아 올린
저 탑을 굳이
고름 덩어리라고 불러야 하나?

누군가의 눈물이 쌓여
돌덩어리처럼 단단하게 굳어버린 것이라면
누군가의 기도가 쌓여
천불천탑이 된 것이라면

부처님이라고 불려야 당연지사

굳이 촛농이라고 부르는 것은
제 몸을 다 태우고도
남은 것이 있기 때문이리라

누군가 오랫동안 쌓아 올린
저 탑은 기도가 아니라
눈물이 아니라 고름덩어리였다

꿈

차옥혜

한반도 비무장지대!
무기 없이 사는
동물과 식물들만 사는 땅
무기를 쓰는
사람은 살 수 없는 땅!
모든 무기 묻어버리고
오직 생명, 사랑, 평화로
남북한 사람들 식물, 동물과 함께
온통 한반도를 비무장지대로
통일했으면 좋겠네
세계 사람들 식물, 동물과 어우러져
지구 전체를 비무장지대로
통일했으면 좋겠네
그 세상에서
존재하는 모든 자연과 목숨들이
낮에는 해님이면 좋겠네
밤에는 달님, 별님이면 좋겠네

까마중

차용국

도시의 낯선 골목 모퉁이 낙엽 쌓인 자리에서
홀로 서 있는 너를 보았어

흰 꽃 피우던 여름날 사람 많은 길가에서
앉은벼락* 맞고 쓰러진 너

부러진 줄기에 중심을 세우고
시류의 건널목에서 밟힌 근육을 다진 너

굽은 마디 옹이 위로 톱니처럼 뾰족한 잎새에
일렁이는 푸른 파도 소리

무너진 삶의 배경을 버티며 내공을 꽉 채운
속살 빛나는 너는 검은 구슬이었어

*생각지 아니하게 갑자기 당하는 큰 불행

자벌레 마음

채 들

어제는 꽃잎을 재고
오늘은 풀잎을 재고

내일은 자귀나무에 올라
강 건너 들도 재고
어림잡아 산도 재보겠지만

도무지 잴 수 없는 것은
흔들리는 이 마음
파도치는 그 마음

통영(統營)

채영조

마음이 이끄는 데로 달려온 곳
한없이 그리움이 물결치는 곳

끝없이 펼쳐진 바다 저 멀리
너는 가고 나만 남았네

사랑은 가고 청춘도 저물어
애달픈 마음 달랠 길 없어
미륵산 정상에 올라
한려수도 바라보며
잊힌 이름 하나 불러본다

아! 가고 오지 않는 것은
세월만은 아니었네

비

천선기

어제부터 내리는 비
비는 그냥 오고 그냥 가는데
생각은 그냥 오고 그냥 가지 않는다
잊고 지내던 일들이
비처럼 때로는 굵게
때로는 가늘게 생각난다
어떤 때는 매일 오고
어떤 때는 어쩌다 오는 비
그래도 같은 비는 하나도 없다
생각도 그렇다
매일 하는 생각은 그것대로 다르고
어쩌다 하는 생각 역시 그것대로 다르다
빨리 마무리했으면 하는 일들이
길게 늘어나기도 하는 게 사람 마음
창문을 열었다가 닫은 것처럼
펼쳤다가 오므린 마음에 남는 접힌 자국
물방울은 나무 끄트머리 맺혔다가 지고
언제 떨어질지 모르는 빗방울이
방울방울 맺히는 내 마음 끄트머리

풀의 근력

천수호

토끼 앞에서 풀이 죽지 않는 이상
사람들의 살해 의욕에 맞설 수 있죠
그렇다고 풀에서 뼈를 발라내려 한다면
풀의 차원을 이해하지 못하는 거죠
서로 대치하고 맞선다는 건
풀의 공식에는 없으니까요
빤히 들여다보면서
카메라까지 들이대며
이름을 물을 때가 가장 난감하죠
마이크 앞에 서면 풀은
할 줄 아는 말이 없어지거든요
그냥 풀이라고 하면 그 광범위한 결속력 때문에
풀은 더 외로워지기도 할 테지요
오래 그 자리에 서서 인파에 떠밀리면서
참 못난 꽃을 촛불로 쳐들고
팔의 근력만 믿는 거죠
토끼 앞에서 풀이 죽는 것은
풀이 거느린 그늘의 차원을
완전히 이해하는 것이죠

칼새의 행로

천융희

착지를 모른 채
악천후에도 비상착륙을 잊은 듯
익숙한 기류에 전속력으로 내리꽂는 칼새의 부리를 본 적 있다
시작점과 도착점이 일치하는 행로는 오늘의 표정이다
때론 온몸을 파묻어
쌓아 올린 폐지 더미만 기우뚱 길을 트는데
경로 추적이 필요 없는 그를
좁은 골목을 여닫으며 쉴 새 없이 비행 중인 그를
시장 사람들은 칼새라 부른다
먹이가 포착되면 그의 활강은 매우 민첩하다
폐지가 던져지는 끝점마다 어김없이 발견되는 깃털들
그러니까, 일생 바람을 가른 골목과 얼룩진 바닥은
칼새의
더는 물러날 수 없는 최후의 영역이다
일몰 무렵
은행나무 아래 고도를 낮춘 쪽잠의 늙은 사내
깔고 앉은 그림자마저 붉어지는 시간이다
농익은 은행알 툭 바닥을 구를 적마다
희번덕거리는 깃털을 곤두세워 바람의 방향을 조절하는
저 홀로 쫓고 쫓기며

품

최경선

울울창창
천 가지, 만 가지
품 키우는 나무를 바라봅니다
울타리 밖 언저리
질경이 괭이밥 꽃다지에
날마다 발그림자 포개는 장수 나무
삶에 지친 사람, 손잡고 걷는 연인
가닿을 곳 없어 찾아든 이까지
말없이 안아줍니다
오가는 이 많아도 머무는 사람 없어
저 홀로 서 있는 장수동 은행나무
하늘도 새도 사람도 가슴에 들이느라
오늘도 품을 넓힙니다

백일홍

최경화

박물관 카페에서 창밖의 백일홍을 보네
소곤소곤 수행을 꿈꾸는 소리
중얼중얼 세상을 붙잡는 소리
책장을 넘기지 못하고 귀 기울이네
백 일 동안 해와 달에 관하여
백 일 동안 시작과 끝에 관하여
백 일 동안 깨트림과 깨어짐에 관하여
매일 아침의 호흡, 차림새, 걸음걸이에 응답하는
우리가 닿고 싶은 구름 너머 푸른 행성
붉은 물결이 마주하는 그대
나는 꽃과 이야기하는 사람이 되었네

늑대의 눈빛

최서림

홀로 밤 산을 어슬렁거리는 늑대
애완용 강아지가 아니라
머리카락 쭈뼛쭈뼛 서게 하는
푸른 안광으로
어둠을 지배하는 늑대,
그 늑대의 외로운 눈빛이 그립다
밤늦도록 길거리서 방황하는 청춘,
그 청춘의 반항하는 눈빛이 그립다
고독한 자유를 구가하는,
자유는 늑대처럼 고독하다는 것을
일찌감치 온몸으로 체득해버린
시베리아 들판의 늑대 같은 사나이들,
번들번들, 거리는 눈빛이 그립다

달팽이

최성규

집
이라는
짐
내려놓고
살았다면
날개가
생겨났을까

장마

최장락

천둥은 신이 우리에게 들려주고 싶은
얘기가 있다는 것이다
듣기 전 번개로 주위를 집중시키는
신의 메커니즘
땅으로 쏟아져 내린 폭우로
길이 패이고 산이 무너져 내린다
세상을 향한 들어도 알 수 없는
신의 음성 거룩하고 힘이 세다
비는 세차게 내리고 물이 넘쳐흘러
세상을 휘감고 돈다
인간의 길은 흔적 없이 사라진다
몇 날을 비가 내려 모든 것 다 떠내려가고
오지 못한 시간들이 빗속에 잠겨 있다

오로지
구름 위 신의 세계만 화창하다

꽃망울

최재경

아직은
할 말이 없어라
툭 터지면
다 말하리라

능소화

최재영

한동안 넝쿨만 밀어 올리던 능소화나무
좁은 골목길 담장에 기대어
황적(黃赤)의 커다란 귀를 활짝 열어젖힌다
한 시절 다해 이곳까지 오는 길이
몽유의 한낮을 돌아 나오는 것 같았을까
지친 기색도 없이 줄기차게
태양의 문장들이 돋아난다
서로를 의지하는 것들은
보지 않아도 뒷모습이 눈에 익는 법
오랫동안 등을 맞대고 속내를 주고받던 담장이
울컥, 먼저 뜨거워진다
누군가에게 이르는 길은 깊고도 고되어
이리 눈물겨운 기억만으로도 다시 피어나는 것이니
묵정밭 잡풀들도 온 정성으로 피어난다 했으니
내겐 꽃 시절도 서릿발처럼 매운 까닭이다
온몸의 촉수를 열어 발돋움하는 어린잎들
그들의 발 빠른 행적이 퀴퀴한 골목을 쓰다듬는다
막 당도한 여름들이 능소화 곁으로 모여들고 있다

박꽃

최정란

초가집 지붕 위
대낮에도 대보름 달

가을에도 성숙한
내 마음의 큰북 되어

둥둥둥 고향을 운다
우주와 교신(交信)한다

감추어 시린 속살
보석들을 간직하고

잎으로 가린 유두(乳頭)
낯 붉히는 가을날에

노을로 달군 마음을
선들바람이 식힌다

풋자두 일식

최정아

풋자두 한 알 해를 가로질러 지나간다
무겁게 달린 자두들
서쪽 끝에서 해의 외곽을 빠져나가는 동안
눈알 검은 것들은 함부로 볼 수 없는 신맛이 있어
눈을 찡그리게 되지
설익은 것들은 함부로라는 수식어가 붙어 있고
흙점으로 느껴지는 편견이 있지
자두가 지나가는 줄기를 태양이라 부르면 안 되나

털거나 뚝, 따거나 이탈의 방식만 고집하는
오만한 신맛으로 보낸 한철
신 자두를 올려다보면
흙점 없는 늦여름 햇살만 잔뜩 달려 있는 나뭇가지들

수직으로 떨어지는 법칙엔 노을 붉은 서쪽이 있고
저무는 맛의 과일들이 있지
셀로판지 눈에 대고 보고 싶은, 툭 떨어지는 여름
위성 촘촘한 마당 가 푸른 자두나무
온통 역광의 빛깔로 물들어 있다

풋것은 천 번 바람이 흔들어야 여물어지고
시큼털털한 맛도 끈질긴 맛이 되지
저 태양, 눈이 뒤집히지 않는 한 멈출 수 없는 소실(消失)이 있어
풋자두 한 알이 씨를 뱉어내고 있다

따릉이 자전거

최창호

공원 한복판 잔디밭
공용 자전거 한 대 처박혀 있다

반납 장소가 따로 있어도
뜬금없이 자행되는 배신 행각
한때 뜨거웠다가 목적이 바뀌는 순간
우리의 인연도 여기까지, 감사했습니다. 인가

딸각하는 잠금 걸쇠 소리로
서로의 번호는 자동 삭제되고
완전한 남으로 깔끔하게들 돌아선다

장황하게 함께 달렸던 꽃길 바람길
착각은 아니었다고 추억하려나

핸들 돌아간 목뼈가 저려오면
굳은 이 동작 풀어 줄
무채색 인연 기다린다

강 같은 평화

최준희

　사람 쳐다보는 것보다 오리를 바라보면 더 좋다 천변에는 청둥오리, 가창오리, 고방오리, 흰뺨검둥오리, 집청오리, 대만오리… 저마다의 내력이 실핏줄에 담겨 있다 유전자의 비밀이 들어 있다 이른 봄이면 짝짓기 끝낸 오리들의 알이 부화해 솜털 보송한 어린 새끼들 데리고 유유자적 물살 가르며 떠다닌다 성가대 소리 파문처럼 번진다 잔물결 일렁이는 수심도 깊어진다 따사로운 햇살 내리 비치고, 더께 낀 그림자 벗어버린 내 몸도 분홍 물갈퀴 자맥질, 오리처럼 헤엄쳐서 오리에게 기울어지는 한순간이 있다

가을이 묻는다

하두자

은행나무 한 그루 내게로 온다
나에게 은행나무가 되라 한다
한 하늘만 올려다보며 사는
빛깔 고운 나무가 되어 보라 한다
신발 가지런히 벗어 놓고
내 곁에 와
굵은 나이테를 키우는 나무가 되어 보라 한다
서로 기대지 않아도
마주 보고 열매를 맺는
은행나무가 되어 보라 한다
알알이 여문 은행알처럼
따뜻한 나무가 되어 보라 한다

문득 내게 다가와
가을이 나에게 묻는다

노인은 이렇게 꾸짖었다

하종오

노인이 힘에 부쳐 놀리는 밭에
풀들이 우거졌고
벌레들이 꼬였고
새들이 날아들었다

노인은 풀들을 꾸짖었다
"내 땅을 함부로 뒤덮지 마라"
노인은 벌레들을 꾸짖었다
"내 땅에 마구 기어 다니지 마라"
노인은 새들을 꾸짖었다
"내 땅에서 멋대로 폴싹거리지 마라"
잠시 생각하던 노인이 이렇게 자신을 꾸짖었다
"원래 땅주인이 풀들과 벌레들과 새들인 줄 몰랐나?"

노인이 힘에 부쳐 놀리는 밭에
낯선 풀들이 더 우거졌고
낯선 벌레들이 더 꼬였고
낯선 새들이 더 날아들었다

목련이 지고

하호인

솜털 보송한 입술을 열면
푸르른 하늘가에 흰 꽃 무리

눈부시게 결곡한 꽃 바탕
가만히 들여다보다가 마음 그만 내려앉는다
꽃잎 깊은 곳 아뜩하게 스며든 연분홍이라니
거기에 또 붉게 솟아난 꽃술

목련을 희다고만 했던 생각이 무안해지는 순간

오래도록 빛바랜 옥양목 같은
꽃봉오리 속 어디에 깊이 찢긴 마음 있어
겹겹이 칠한 파스텔톤으로 붉어졌는지

꽃이 피고 지는 횟수만큼
쌓여가던 툇마루 옆 아버지의 푸른 소주병
아버지의 술잔에는 술만 담겨 있었을까

비운 만큼 도로 채워지는
일렁이는 붉은 화심 같은 회한

목련 꽃잎 맥없이 떨어지는 모습 지금에야 보인다

바람의 전설

한만수

처음 내 얼굴을 봤을 때
꽃씨를 잉태한 바람이 불었다

푸른 자전거를 타고
붉은 해를 품은 노을로 달려가던
꽃사슴 덤불 속으로 숨어 버려
바람이 고요를 삼켜버린 밤이면

나뭇잎 떨어지는 소리에도
남쪽 창문이 그리움으로 열린다

호수에 잠겨 있던 바람은
달의 눈빛으로 나에게 다가와
질긴 사랑 한 포기 심어 버리고

나무

한소운

나는 한 가지 체위만을 고집한다

내 살아온 이력
근본 없이는 똑바로 설 수 없기에
산그늘보다 더 깊은 뿌리 하나쯤 내리고
고요히 선정에 들 때면
하늘을 날던 새들도
가만 내 어깨로 내려와
시(詩)나부랭 시(詩)나부랭 문장을 만들다
구름 한 장 북 찢어버리고
포르르 구름 속으로 날아간 오후
다양한 체위를 논하는 시인들은
아직도 난해한 설(設)을 풀어 놓지만
나는 죽어도 무릎 꿇지 않는
예나 지금이나 한 가지 체위만을 고집한다

책 탑

한영채

둥지를 떠난 거처는
문장이 웅성거리는 기단이 되었다

두 권의 시집이 어제 왔고
낯선 시인이 쏟아 낸 말이 말을 타고 퀵퀵 달리고

내일은 중고 매장에서 다른 말이 도착할 것이고,
층층을 쌓아온 말들이 신음 중이다

어제 본 정림사지 오층석탑이 되었다가
오늘은 정혜사지 십삼층석탑처럼 쌓이고 쌓여

바벨탑처럼 하늘로 쌓아 올리려나
골짜기 넓은 숲이 사라졌을지도 모를 목탑이 구석을 지킨다

슬픈 오감을 남기는 검은 벌레들이
미로의 광장에서 부드러운 탑을 쌓는다
이 새벽에도

불필요한 문장은 뒤엉킨 생각으로 쌓인다

저 우듬지 밖은 무엇이 쌓여 있을까
나의 기도는 첨탑을 따라가는데

뒤돌아보며 고요에 박힌 책

가던 길 멈추고 탑이 된다

봉산산방

한이나

봉산산방 뜨락에 피어 있는 모란
붉은 마음 한 자락을 만나는 일
흰 나비 한 마리로 돌아오신
그분의 떠난 말씀을 보는 일
늙은 소나무에 한껏 피운 송화를 바라보며
마음속에 고운 눈썹 심어보는 일

나비 한 마리,
머물러 끝까지 자리를 지킨다

알밤

한인숙

밤을 줍는데
알밤 줍는데,

아버지 무덤가
아찔하게 풍기던 밤꽃

결국,
제 몸 열고 마는데
열면서
가시 세우는데

밭고랑에서 만들었다는 아들이
앞자락 불룩하게 밤 줍는데

애야
가시 찔릴라,
아버지 말씀 들리는데

밤송이
툭,
발등 찍는데

눈물 나는데
자꾸 눈물 나는데,

내 집 마련

한종훈

하얗게 파마한 벚나무 머리에
어디서 온 지도 모르는 이름 모를 새가
머리핀처럼 갈색 둥지를 끼워 넣었다

겨우내 책들이 고요히 잠든 도서관 한쪽
공사장 흙먼지로 지은 내 이름의
시집 한 권 끼워 넣었다

이유

한효정

　애기야, 이 세상에 올 때 하늘나라에서 뭐 하다 왔니?
　천사들이랑 같이 오랫동안 놀았는데, 자꾸 천사들이 청소만 하고 나랑 잘 안 놀아줬어 근데 비행기가 하늘나라에 온 거야, 그때 저도 타도 돼요? 그랬는데 사람들이 많았지만 내가 탔어 근데 갈 데가 없잖아 내가 내릴 땅이 없어서 엄마 뱃속으로 쑥 들어갔다가 나왔지 그래서 영 살, 한 살, 두 살, 다섯 살 이렇게 큰 거야
　엄마, 난 놀러 왔어 심심해서 놀러 왔어

화석이 될 은행목(銀杏木)

함창석

현존하는 지구는 선사 역사가 있다
시대마다 각기 다르기도 하니
식물은 고생대일 것이다
화석이 되어 나오는 은행나무는
대표적인 나무 중 하나일까
아직도 남았으니 경이롭구나
긴긴 겨울을 이겨내고
봄이 오면 파릇한 잎손들이
여름이 오면 활짝 펴고
가을이 오면 노란 부채들이 되다
냄새가 독한 열매이기로
새들이나 곤충이 싫어하지만
한 명사 손길에 이끌리어
향교 마당에 심겨져 교훈이구나
수백 년이나 살아온 은행목
혹한기에도 견디어온
대자연의 한 신선이구나
용문산 은행나무도
천태산 은행나무도
문막 반계리 은행나무도
영원한 화석이 될까

청아한 울림

허남기

햇살 가득한 산사의 풍경 소리
한적한 바람을 취하여
번민하는 모든이의 안빈낙도
적막한 순풍을 들이키며
풍성한 산사의 물결을 기다린다

다 그러하듯
세상의 경계선에 멈춘 풍경 소리
맑고 청아한 울림으로
세속에서 지친 뭇사람을 깨우며
품 넓은 마음으로 새벽을 취한다

뭇사람들의 가슴을 울리는
고즈넉한 거룩의 풍경 물결
처마 끝에 마음을 매달아
서로의 아름다움을 취하니
네 것이 되고 내 것이 된다

청매실

허정열

 택배 상자를 열자 청청청(靑靑靑) 여름이 올려다본다 또록또록한 한 무더기 푸른 것들이 풋풋하다 햇살과 바람과 질탕하게 놀아보지 못한 여린 것들, 어딘지도 모르고 일단 일탈부터 감행한 철없는 것들, 신맛만 잔뜩 축적해 깨물면 진저리치게 하는 풋것들

 효험이 있다 하면 무엇이든지 받아들일 줄 알고 보송보송한 몸을 내맡긴다

 아무래도 안 되겠다 맛이야 어찌 됐든 여린 향기만으로 세상을 휘저어보겠다는 천방지축을 길들여야겠다 섬진강 맑은 볕에도 설익은 봄바람이 멋진 청춘이 되는 법을 알려줘야겠다

 정갈하게 몸을 씻겨 물기를 말려 설탕 듬뿍 넣어 버무린다 항아리에 담아 일 년쯤 숙성시켜 세상에서 가장 환영받는 청춘으로 나설 수 있도록

나무 같은 사람

허정진

나무를 심은 사람
죽어 새가 된다는데
새들은 안다
나무는 변하지도 않고
나를 떠나지도 않을 것을

바람은 새처럼 씨앗을 물고
허리 한번 펴본 적 없는 나무는
허공에 양팔 뻗어 나를 끌어안고

홀로 피고 지는 꽃
빗소리 들으며 숲이 자라듯
산은 안다
나무가 흘린 초록빛 땀을
벼랑을 가로지르는 비명을

초여름

허형만

물 냄새
비가 오려나 보다

나뭇잎 쏠리는
그림자

바람결
따라 흔들리고

애기똥풀에 코를 박은
모시나비

지상은
지금 그리움으로 자욱하다

풀의 각도

현상연

마당 끝 세 들어 사는 풀
머리 숙여야 할 일이 많다
수시로 키 재기하며 올라오는
잡풀 등쌀에 허리 굽혀
예초기 날 뒤에 숨어 제 키 늘린다
씨앗을 맺기 위해선 생각의 자로
계절의 각을 측정하며
목을 움츠리는 건
주눅의 각도로 자신을 바라보는 일
예초기 칼날을 피하기 위해선 밟혀야 한다
밟힌 풀,
다시 일어서
밑금의 각으로 돌 틈새 자리 잡는다
씨앗,
들판의 변과 변 사이
숨죽인 채 봄의 눈금 재고 있다

하얀 등불

홍승례

숨겨진 격정으로
숲속 가득 피어난 백화등
하얀 향기를 짙게 날리고 있다

가는 봄이 아쉬운 듯
온갖 초록 물결 속에서
하얗게 춤을 추고 있다

짐작할 수도 없는 많은
손놀림과 순발력으로
나무에서
떨어지지 않으려고
두 손 꽉 껴안고
조금씩 조금씩
꿈을 키웠으리라

드디어
환한 등불이 되어
숲을 밝히고 있다

따스한 봄날의 무늬로 사색하면서
누룽지보다 더 구수한
봄날의 이야기를 품은 채
흐뭇한 미소를 흘리고 있다

봄 마중

홍인숙

당신은 보이지 않는 바람에
이름을 붙이라 했지요

꽃잎 흔들고 가는 바람
설레는 마음 먼저 나서면
살 속까지 맵찬 살바람

연둣빛 차오르는 봄
스산한 마음 그리워지면
어느결에 화창한 명지바람

당신은 가슴 채우는 것들에
이름을 붙이라 했지요

푸른 빛 서린 이내에
젖어드는 얼굴 하나
윤슬에 비치는 달그림자

깊은 숲 안온한 별뉘처럼
좁은 길에 남긴 발자취
가만가만 입술에 닿은 이름

당신은 봄 길로 흐르는 마음마다
노래되어 뿌리라 했지요

푸른 신호등

홍하표

이 가을 끝자리, 나무 기둥엔
나가야 할 때와 멈추어야 할
때를 아는 푸른 신호등 하나
걸려 있다

'떨켜'의 신성한 의식 시작되었다
탐스런 열매의 과실 다 내어 주고
푸르른 잎사귀마저 스르르 내려놓는다

방하착(放下著)

순환하고 재생하여 생(生)을
응집하는 자연의 순리

떨켜 속에 숨어 있던 초록빛의
젖은 머리 흔드는 것도 보인다

봄이 곧 오고 있다
생(生)의 출발점이며 성장의 첫발,
진정한 자유로움이다

축제

황구하

2013년 8월 '아시아, 시로 만나는 생태 평화 시인 축제'가 울산에서 열렸는데요 저물녘 연단에 오른 신경림 선생님, 드디어 한 가지 원을 풀었다며 작은 얼굴이 달덩이처럼 부풀어 올랐습니다

천상병 시인은 살아생전 선생님만 보면 실실실실 잘 웃었다는데요 어느 날 마음이 상한 선생님 "왜 나만 보면 맨날 웃냐?" 물으니, 천상병 시인 왈 "나보다 더 못생겼잖아." 그 말이 여태까지 두고두고 억울했다는데요 아침에 석굴암을 함께 답사하던 일본 스즈키 히사오 시인이 한 말씀 하셨답니다 "선생님 미소가 저 불상이랑 꼭 닮았습니다."

50년 묵은 체증이 이제야 내려간다며 신경림 시인이 웃고 스즈키 히사오 시인이 웃고 강당 꽉 찬 객석의 시인들 두 발 동동 구르며 손뼉 치며 웃고 또 웃었는데요 소풍 간 천상병 시인도 오른쪽 어깨 살짝 드러낸 석굴암 불상도 어느새 한자리 둥글게 앉아 빙그레 웃고 있었습니다

아기 연등

황명자

어린 몸 밝혀서 저 멀리,
천상계까지 밝혀 주시려는가
그 빛, 환하고 귀하다
먼저 간 이는 하얀 꽃잎에,
곁에 있는 이는 오래오래 잘 살라고
빨갛고 파란 꽃잎에, 올망졸망
마음 가는 이름들 새겨 넣었다
아련한 꽃자리마다 이름 새기자,
꽃잎 들어 어둔 길 인도한다
잎새마다 햇살 어우러져
반짝반짝 빛나는 이름들,
그 공덕 대신 쌓아 주겠다고
수고로운 꽃, 등, 밝혀 놓고
암자 뒷산 삼층석탑 가는 길,
높디높은 설법 펼쳐 든다

가을밤

황미경

팔을 쭉 뻗어
허공을 휘젓는다
귀또리 하나
날개를 비비어댄다
가녀린 구애의 습성
긴 울음이
별에 닿았다

길

황용선

이 길 오르면
모두가 친구

천태산 은행나무 천태산 신비

하얀 사람 검은 사람
여기서는 노랗다

그리면 화가
쓰면 시인

이 길 내려올 땐
모두가 사랑

뿌리내리기

황은경

보슬거리는 땅 위를 뚫고
누굴 보러 세상에 나왔나

바람이 손짓했나
햇볕이 손짓했나

여린 줄기 올리며
우뚝 서기를 바랐지

비바람 무서워하지 않고
순둥순둥 커가기를 바랐지

아프지 말아라
서글피 죽지 말아라

세상 디딜 곳 찾으면
어찌해도 살아갈 수 있으니

삶의 뿌리 너를 부르니까
담쟁이처럼 초록으로 오르거라

육각수

황지형

돼지는 여기에 없다
정글에 묻힌 진흙탕 사이에 있다
처음 흙에서 자란 풀처럼 고기는 야들야들 뒤집힌다
우리의 존재감은 허리까지 파묻혔다
잡초, 뽑을수록 다시 자라 나온다
뒤집기는 오기로 하는 게 아니야
손에 잡힌 고기를 굽고서야 한숨이 나왔다
우리의 빈터는 풀밭처럼 우거졌고
우리가 지켜내려는 것은 찬물만 갖다 대도 벌컥댄다
잡초에는 자제라는 게 없고
잡초의 번식력은 아메바보다 무궁무진하다
어머니가 답이야, 육즙만 아니면 풀밭에 안 있어
먼 곳에서도 머리채를 휘어잡는 손
우리는 다시, 뒤집힌 고기처럼 노릇해진다
다시 시작한다고 다짐해도 좋다
일주일 동안 숙성실에서 제 살길만 넓히다가
육각수 판에 핏기 머금은 고기가 놓인다
흙탕물 속이자? 웃음이다

은행나무 슬하

2024년 10월 1일 초판 1쇄 찍음

지은이 _ 천태산은행나무를사랑하는사람들
펴낸이 _ 양문규
펴낸곳 _ 詩와에세이

신고번호 _ 제2017-000025호
주   소 _ (30021)세종특별자치시 조치원읍 충현로 159, 상가동 107-1호
대표전화 _ (044)863-7652
팩시밀리 _ 0505-116-7653
휴대전화 _ 010-5355-7565
전자우편 _ sie2005@naver.com
공 급 처 _ 한국출판협동조합
주문전화 _ (02)716-5616
팩시밀리 _ (031)944-8234~6

ⓒ천태산은행나무를사랑하는사람들, 2024
ISBN 979-11-91914-66-5 (03810)

*지은이와 협의하여 인지는 생략합니다.
*이 책 내용의 전부 또는 일부를 재사용하려면 반드시 지은이와
 詩와에세이 양측의 동의를 받아야 합니다.
*책값은 뒤표지에 표시되어 있습니다.